Katja Füchsel

TATORT BERLIN

TAGESSPIEGEL

Impressum

Katja Füchsel: Tatort Berlin
Aus dem Innersten der Mordkommission
ISBN: 978-3-948178-37-6

Erschienen bei:
Verlag Der Tagesspiegel GmbH
Askanischer Platz 3
10963 Berlin
www.tagesspiegel.de

Tagesspiegel Edition: Tatort Berlin
1. Auflage, November 2022

Redaktion: Juliane Thurn
Layout: Susanne Nöllgen
Illustrationen: Katrin Schuber
Porträtfotografie: Stefan Weger
Korrektorat: Sonja Hölter, Carolin Mader

Gesetzt in Abril Text auf 90g
Druck und Bindung: wirmachendruck.de

Vorwort

Akten, Urteile, Veröffentlichungen – das alles lesen und dann die Mordfälle rekonstruieren, das ist eine Kunst. Eine noch größere ist, was Katja Füchsel im Mai 2021 begann: die Tagesspiegel-Serie „Tatort Berlin". Für die ist sie ein Jahr lang in der Mordkommission ein- und ausgegangen. Und noch nie haben die Berliner Ermittler:innen der Öffentlichkeit einen so tiefen Einblick in ihre Arbeit gewährt. Große Reportage, das ist es, was die Leserinnen und Leser von Katja Füchsel geboten bekommen.

Für ihre Recherchen sprach sie mit dem Dezernatschef, den Leitern der acht Mordkommissionen und dem Vizechef der Cold-Case-Unit. Sie tauchte ein in die Arbeit von Vernehmerinnen, Tatortleuten und Protokollanten, werte Gerichtsurteile und psychiatrische Gutachten der Täter aus. Daraus entstand eine Serie – und jetzt ein Buch. Exklusivität inklusive: Katja Füchsel rekonstruiert neun besondere Fälle, mit neun Ermittlerteams. Einige Fälle haben bundesweit Schlagzeilen gemacht, andere waren der Öffentlichkeit bisher fast noch unbekannt. Erstmals können sie aus der Sicht der zuständigen Ermittlerinnen und Ermittler erzählt werden – anhand bisher unveröffentlichter Details und intensiver Interviews. Wir lesen und erleben mit, wie Ermittler:innen ihre Fälle erlebt haben. Das Besondere an „Tatort Berlin" ist, dass sie nicht nur Tricks und Geheimnisse verraten, sondern auch sehr offen über ihre Gefühle sprechen, über Elend, Trauer und Tod. Und das ist ihr Alltag!

Nehmen wir als Beispiel Fall 1: Die Kunst der Vernehmung. Es geht um eine Leiche ohne Kopf, eine rätselhafte Spur und einen Zeugen, der sich in Widersprüche verstrickt: Rekonstruktion eines Falls, der die Vernehmer an ihre Grenzen brachte. Der Chef sagt über Volker Hertzberg, den Vernehmer: „Der kann mit Menschen wie kein Zweiter." Hertzberg sagt über eine Vernehmung: „Es ist wie ein Tanz, ein Ziehen und Nachgeben, Miteinander und Gegeneinander, ein Lauern und Locken im ständigen Redefluss."

In dem schmalen Raum hat Hertzberg alle Fotos, Kalender und Uhren abgenommen, damit die Beschuldigten nicht ihren Blick daran heften können, um seinen bohrenden Fragen auszuweichen. Er muss die Verdächtigen dazu bringen, ihm zu vertrauen. Ausgerechnet ihm, dem Polizisten, der sie ins Gefängnis bringen wird, sollen sie glauben, dass er sie nie verurteilen würde. Dass er aber die ganze Geschichte hören, verstehen will, wie es zu der Tat kam. Hertzberg sagt: „Sie müssen einem Eskimo einen Kühlschrank verkaufen."

19. Juli, 16.26 Uhr. Die Schreibkraft notiert: Vernehmungsende. Hertzberg erinnert sich an eine bleischwere Stille, sagt, dass der ganze Raum „voll mit Traurigkeit, Müdigkeit und schwerer Straftat" war. „Ich habe so etwas nie vorher und nie nachher erlebt."

Was beim Lesen auffällt, vielleicht dann auch Ihnen: wie ähnlich sich die Berufe Journalist:in – Vernehmer:in sind. Sie achten auf ähnliche Details. Sie wollen verstehen, nicht urteilen. Sie schauen auf den Menschen, seine Biografie, sein Schicksal. Wie wird wer zum Täter?

Das alles ist so spannend, dass der Tagesspiegel sich entschieden hat, aus der Serie auch einen Podcast zu entwickeln. Seit November 2021 berichten die Ermittlerinnen und Ermittler als Studiogäste von den Fällen ihres Lebens, Moderatoren sind Katja Füchsel und Sebastian Leber. Alle vier Wochen gibt es eine neue Folge – und die Zahl der Downloads steigt gen zwei Millionen.

Sie sehen (und hören, wenn Sie wollen), welche Kunstfertigkeit diese Form der Reportage, die harte, erfordert. Für ihre hat Katja Füchsel, die Redakteurin für besondere Aufgaben, 2020 den Theodor-Wolff-Preis erhalten, die renommierteste Auszeichnung der Zeitungsbranche. Wenn Sie nun das Buch kaufen mögen, wäre es die nächste Auszeichnung. Und auch mir eine Ehre.

Stephan-Andreas Casdorff
Herausgeber des Tagesspiegels

Inhalt

Im Netz der Lügen

Im Juli 2011 finden Angler einen Rollkoffer in der Spree. Darin: ein menschlicher Torso. Die Spur der Ermittler: ein auffälliges Tattoo auf dem Rücken des Toten. Ein Amerikaner hat das Opfer noch kurz zuvor gesehen – doch verbirgt er etwas? Für die achte Mordkommission beginnt das Ringen um die Wahrheit. Eine Rekonstruktion

Irgendwas muss passiert sein, was seinen Tod verursacht hat. Wir hatten die Hoffnung, dass Sie eine Idee haben?

Er hatte ein Tattoo auf seinem Hals, einen Schädel und einen Flügel, was man leicht mit einem Hells-Angels-Tattoo verwechseln kann.

Sie meinen den Death Head?

Ja, genau den.

Kennen Sie sich gut aus bei Rockern?

Ich kenne einige.

Ist es denn ein großes Risiko, einen Death Head zu tragen?

Ja, es ist generell ein sehr großes Risiko.

Meinen Sie, das könnte der Grund sein für Renés Tod?

Entweder das oder ein Verrückter.

Im Vernehmungszimmer der achten Mordkommission sitzt ein US-Amerikaner, der sich nicht nur sicher, sondern durchaus bedeutend in seiner Rolle fühlt. Brian Dayton*, 1981 in New York geboren, ist der wichtigste Zeuge in einem Mordfall, über den die ganze Stadt spricht. Der Amerikaner ist ein bulliger Typ, tätowiert bis zum Hals, „Better dead than red", lieber tot als rot, steht auf seiner linken Hand. Er war es, der das Opfer als Letzter lebend sah, sagen die Ermittler. Er ahnt nicht, dass sie das wörtlich meinen.

Ein paar Tage zuvor:
Donnerstag, 7. Juli 2011. Zwei Angler ziehen an der Treskowbrücke einen schwarzen Rollkoffer aus der Spree, darin ein in

einen Müllsack verpackter menschlicher Torso. Der Rücken eines Mannes, fast vollständig tätowiert, ein rotes Herz prangt zwischen den Schulterblättern, umrahmt von einer Schlange, Kreuzen, Sternen.

Die achte Mordkommission, Berliner Keithstraße, LKA 1, Delikte am Menschen, steht seitdem vor einem Rätsel: Wer ist der Tote? Wo sind sein Kopf, die Arme und Beine? „Wir wussten ja nicht einmal sicher, ob ein Tötungsdelikt vorliegt", sagt Kommissionschef Uwe Isenberg, einer der erfahrensten Ermittler im Berliner Morddezernat. Isenberg, 54 Jahre alt, ist seit 1992 dabei, ermittelte im Mordfall Sürücü, fahndete nach der verschwundenen Schülerin Jessica Kopsch und überführte mit seinem Team den Mörder des Flüchtlingsjungen Mohamed.

Die acht Ermittler teilen sich auf: Zwei fahren zur Obduktion, einer nimmt Kontakt zur Vermisstenstelle auf. Fahndungsplakate müssen raus, die DNA bei der Kriminaltechnik abgegeben, die Funkzellenabfrage für den Fundort eingeleitet werden. Die Mordkommission fordert Hilfe der Feuerwehr an, Boote, Taucher, Mantrailer-Hunde.

Samstag, 9. Juli. Die Ermittler beginnen, sich in Tattoo-Studios umzuhören, erfahren vom Szenetreff, der „Tattoo-Convention" am Wochenende. Als vormittags die Türen öffnen, mischen sich auch die Kommissare der Achten unters Publikum in „Huxleys Neue Welt", Neukölln.

Die Polizisten fragen sich mit den Fotos der Tattoos von Stand zu Stand, sind fast am Ende der Halle angekommen. Dann erkennt ein Tätowierer seine eigene Arbeit: die rote Schlange, die habe er einem René gestochen. René Stadlmeier, ein Österreicher, der in Berlin arbeitet.

Sobald eine Leiche identifiziert ist, sie in das Leben des Opfers einsteigen, geht eine Mordermittlung erst richtig los, sagt Isenberg. Aus Zwölf-Stunden-Tagen werden in der dynamischen Phase, in der jede einzelne Information alles ändern kann, manchmal 16 oder 24 Stunden.

Die Ergebnisse laufen „vorne", also beim Chef und seinem Stellvertreter, zusammen. Der Moko-Leiter wird, wenn die Mannschaft in Kommission, also auf der Jagd ist, zum Manager, Moderator und Betreuer. „Wenn's rundgeht, vergessen viele zu essen und zu trinken." In Isenbergs Regal stapeln sich Schokolade, Gummitiere und Kekse.

Die Ermittler durchsuchen Stadlmeiers Wohnung, blättern sich durch Fotos, Adressbücher, Notizen und Kontoauszüge. Die Erkenntnisse aus den ersten Zeugenbefragungen laufen im Büro des Chefs ein: René Stadlmeier, 31 Jahre alt, war nur Monate zuvor aus Wien nach Berlin gezogen. Er arbeitete als Gasttätowierer in verschiedenen Tattoo-Läden, zuletzt im „Snatchers Paradise" und dem „White Trash". Ein Typ, der davon träumte nach Kalifornien auszuwandern, gerne trank, dann manchmal unangenehm aufdringlich rüberkam. Ansonsten, so beschreiben ihn Kollegen und Bekannte, nett, sympathisch, manchmal etwas schusselig, verpeilt. Seit letztem Dienstag hatte ihn niemand mehr gesehen.

Der Chef. *Uwe Isenberg leitet die Achte Mordkommission. Bei ihm laufen die Fäden der Ermittlungen zusammen.*

Sonntag, 10. Juli. Zwei Ermittler treffen sich mit einem privaten Hundeführer an der Stelle in Oberschöneweide, wo die Angler den Koffer gefunden hatten. Die Kommissare übergeben einen Plastikbeutel, darin die Wattestäbchen, die der Gerichtsmediziner über die Haut des Torsos gerieben hatte. Als die Stäbchen zwei Ungarischen Vorsteherhunden unter die Nase gehalten werden, nehmen diese eine Spur auf, ziehen über die Treskowbrücke auf die andere Uferseite, wo die Ermittler zwei im Wasser treibende blaue Müllsäcke entdecken, darin Arme und Beine.

Ein paar Meter weiter bergen Taucher der Feuerwehr einen weiteren Rollkoffer: der Unterleib des Toten, bekleidet mit einem schwarzen Slip.

Dienstag, 12. Juli. Zwei Spaziergängerinnen finden am anderen Ende der Stadt, dem Reinickendorfer Schäfersee, eine Tüte mit dem Kopf des Opfers.

Die Obduktionen ergeben: René Stadlmeier ist erschlagen worden. Zerlegt hat der Täter, den die Boulevardzeitungen inzwischen den Puzzle-Mörder nennen, den Körper postmortal. Als vermuteten Todeszeitpunkt setzten die Gerichtsmediziner Dienstag, den 5. Juli, an.

Am Obduktionstisch steht auch einer, dem der Fall näher geht, als man bei seinem Anblick vermuten könnte: Polizeihauptkommissar Volker Hertzberg, 150 Kilo, zwei Meter groß, Footballtrainer der Berliner Jugendauswahl. Hertzberg war der Erste, der es von der Schutzpolizei in die Mordkommission geschafft hat. Mit Realschulabschluss angekommen in der Polizeielite, auch das hat Hertzberg angetrieben. „Da willst du nicht versagen", sagt der 55-Jährige bei einem Spaziergang im April.

Der Neue erledigt bei den Ermittlungen alles, was anfällt, aber schnell merken die Chefs, dass „der Große", wie sie ihn nennen, ein besonderes Talent als Vernehmer hat. Weil er hart wirken kann, es aber nicht ist. Einer, für den die Schicksale von Zeugen, Tätern und Opfern nicht zur Routine geraten, und der am Obduktionstisch noch einen Menschen vor sich sieht. Wie im Fall des Tätowierers. „Dieses Zusammensetzen der Körperteile hat mir schon zugesetzt", sagt Hertzberg, während er seine Hände tief in den Taschen seiner Fleecejacke vergräbt. „Das muss man erst mal aushalten."

Die Achte rekonstruiert die letzten Wochen Stadlmeiers, robbt sich immer näher an den mutmaßlichen Todestag heran bis zum Abend des 5. Juli. Es ist der Tag, an dem Bekannte den Österreicher das letzte Mal im „The Temple" am Nollendorfplatz gesehen hatten. Es heißt: „Er ist noch mit diesem Amerikaner Brian weitergezogen."

Damit wird der unbekannte Amerikaner zum wichtigsten Zeugen. Vielleicht sogar zum ersten Verdächtigen. Die Ermittler verteilen ihre Visitenkarten in der Tattoo-Szene.

18. Juli, 14 Uhr. Der Besitzer ruft aus dem „The Temple" am Nollendorfplatz an. Brian sitze nebenan in der Kneipe „Distel", sei bereit, zu reden. Die Achte schickt ein gemischtes Team: ein Mann, eine Frau, beide sprechen fließend Englisch, sind um die 30, dabei aber „erfahren und selbstbewusst im Auftreten". Der Erstkontakt sei besonders wichtig, sagt Isenberg. „Gegenseitige Abneigung macht alles zunichte. Da erfährt man nichts."

18. Juli, 14.25 Uhr. Die drei suchen sich in der „Distel" einen ruhigen Ecktisch. Brian Dayton, auf der linken Gesichtshälfte tätowiert, bestellt sich eine Flasche Beck's. Beim Reden über René bekommt er manchmal

Der Vernehmer. Bei der Achten nennen sie ihn den Großen. Volker Hertzberg verhörte den Verdächtigen über Stunden und Tage.

feuchte Augen, sie hätten sich erst drei Mal gesehen, aber er sei sein Freund gewesen. An dem Abend hätten sie auf einer Bank am Innsbrucker Platz Wodka mit O-Saft getrunken und sich dann getrennt. Nein, offiziell vernehmen wolle er sich nicht lassen. Er habe doch alles gesagt, was er weiß, kein Visum und Angst, abgeschoben zu werden. In Louisiana suche ihn die Polizei wegen schwerer und gefährlicher Körperverletzung.

Der erste Schritt ist getan. Aber die Ermittler wissen, dass sie Brian Dayton in der Gemütlichkeit seiner Stammkneipe nicht aus der Reserve werden locken können. „Für uns ist es besser, wenn Zeugen und Tatverdächtige unter Stress sind", sagt Isenberg. Deshalb brauchen sie Dayton in der Keithstraße, im kalten Licht des kahlen Vernehmungsraums, wo im Boden eine Öse für die Fußfesseln eingelassen ist und sich bei den Befragten, schuldig oder nicht, zwangsläufig ein Unbehagen einstellt. Nur in der Keithstraße können die anderen Ermittler mitlesen, was die Protokollantin gerade festhält, um parallel zu überprüfen, ob alles stimmt, was der Zeuge drinnen behauptet. Und ihn dann mit den Widersprüchen konfrontieren.

Als das Team in der Kneipe nicht weiterkommt, schicken sie Volker Hertzberg, ihren Zwei-Meter-Mann mit der stillen Überzeugungskraft, hinterher. „Der kann mit Menschen wie kein Zweiter", sagt Isenberg.

18. Juli, 16.21 Uhr. Polizeihauptkommissar Volker Hertzberg eröffnet in der Dienststelle LKA 118 die Vernehmung des Zeugen Brian Dayton:

Kennen Sie sich in Oberschöneweide aus?
Ja, ich kenne ein paar Bars.

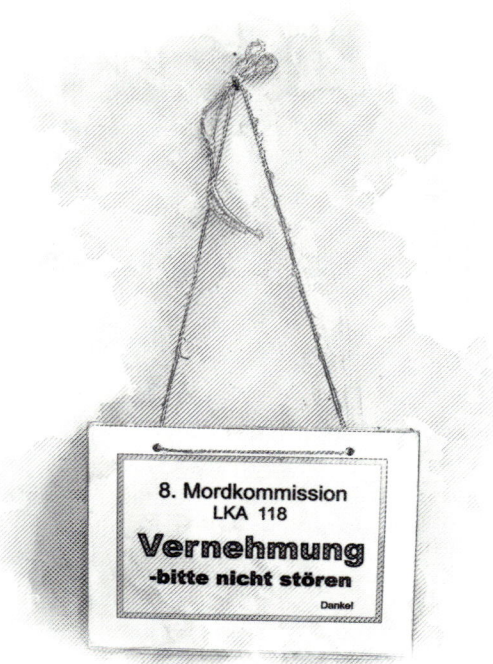

Welche zum Beispiel?

Das „Ballaballa" oder „Zum Henker".

Wann waren Sie das letzte Mal in Oberschöneweide?

Vor einem Monat.

Was haben Sie da gemacht?

Getrunken.

Wie kommen Sie dahin?

Normalerweise, wenn jemand dahin fährt, nimmt er mich mit. Ich bin immer zu betrunken, um zu fahren.

Es ist der Beginn eines Duells, das sich erst bis in die Morgenstunden und dann noch einmal bis in die Nachmittagsstunden ziehen wird. Ein Kampf, den Volker

Hertzberg heute die „Vernehmung meines Lebens" nennt. Es war ein besonderer Fall. Hertzberg sagt, dass er deshalb unbedingt Klarheit, „ein vernünftiges und glaubhaftes Ergebnis" wollte, am besten aber ein Geständnis.

Nur knapp 100 Seiten umfassen die Protokolle seiner Vernehmungen, das Extrakt aus rund zwölf Stunden. Als Uwe Isenberg an einem Freitag im März in seinem Büro anfängt, aus der Akte vorzulesen, gerät man in einen Sog, spürt, wie das Gespräch erst dahinplätschert, langsam schneller und härter wird, es gibt Paukenschläge, gefolgt von kurzen Pausen, es stockt, bis es wieder leise weitergeht, freundlich, scheinbar harmlos zunächst. Ein Rhythmus, fast eine Melodie, die Isenberg aus etlichen Vernehmungen kennt. „Ein bisschen wie bei der ‚Moldau' vielleicht."

Hertzberg sagt: Es ist wie ein Tanz, ein Ziehen und Nachgeben, Miteinander und Gegeneinander, ein Lauern und Locken im ständigen Redefluss.

Wann sind Sie ausgewandert?

Vor ungefähr drei Monaten.

Von was wollen Sie hier leben?

Als Tätowierer. Ich möchte meine Freundin heiraten, ich glaube, sie ist im Moment schwanger. Ich bin so glücklich hier, aber die letzten Tage waren die Hölle, so etwas passiert noch nicht mal in New York. Ich kann noch nicht mal mehr einen Horrorfilm anschauen. Es ist die Hölle.

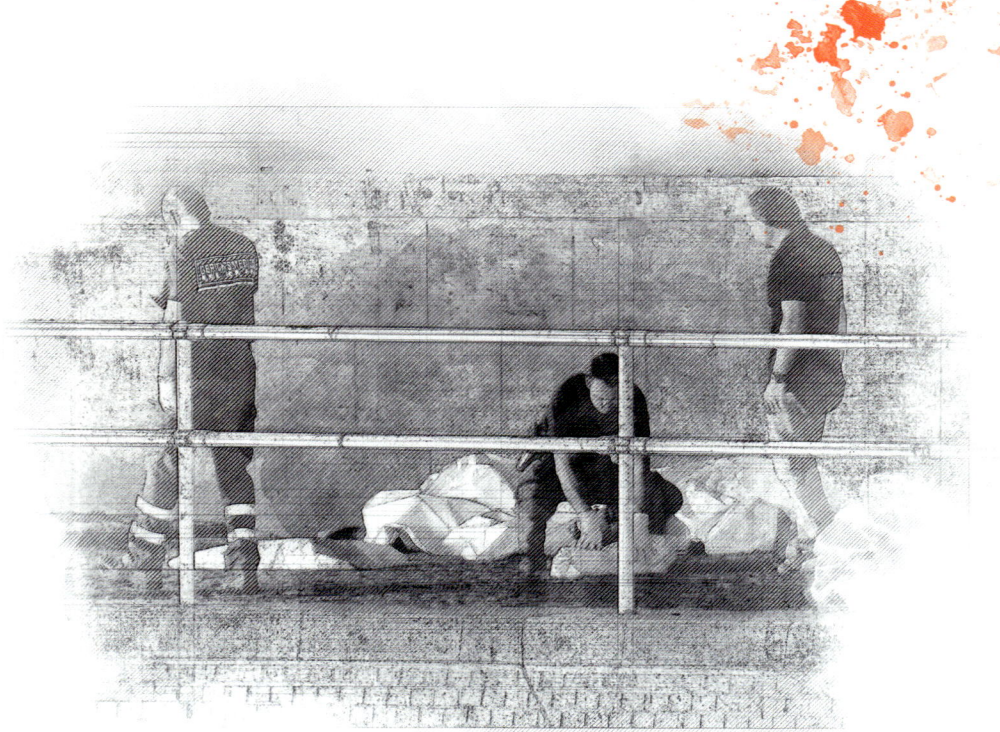

Treskowbrücke. Polizisten sichern im Juli 2011 die Spuren.

Es ist der Moment, als Brian Dayton anfängt zu weinen. Dieser schwere Säufer, als grob und aggressiv verrufen, sitzt schniefend da, weil ein entfernter Bekannter getötet wurde? Ergibt das Sinn? 15 Minuten Pause. Während Dayton sich Schokoriegel reichen lässt, beraten die Ermittler nebenan. Sie sind sich einig: Großer, da geht noch was.

Egal, wie unfassbar, abscheulich oder grausam die Tat, sagt Hertzberg: „Ich habe nie einem Monster gegenübergesessen. Situationen machen Täter." Verhört habe er fast nur Männer und wenige Frauen, die in eine furchtbare Lage gerutscht seien, selbst unter Schock standen nach ihrer unglaublichen Tat. Beschuldigte, von Angst, aber gleichzeitig dem unbewussten Wunsch getrieben, zu reden.

In dem schmalen Raum hat Hertzberg alle Fotos, Kalender und Uhren abgenommen, damit die Beschuldigten nicht ihren Blick daran heften können, um seinen bohrenden Fragen auszuweichen. Er muss die Verdächtigen dazu bringen, ihm zu vertrauen. Ausgerechnet ihm, dem Polizisten, der sie ins Gefängnis bringen wird, sollen sie glauben, dass er sie nie verurteilen würde. Dass er aber die ganze Geschichte hören, verstehen will, wie es zu der Tat kam. Hertzberg sagt: „Sie müssen einem Eskimo einen Kühlschrank verkaufen."

18. Juli, 18.41 Uhr. Der Ermittler fragt den Zeugen Brian Dayton zu Beginn der zweiten Vernehmung scheinbar arglos:

Haben Sie vielleicht doch die Erreichbarkeit von René in Ihrem Handy eingespeichert?

Nein. Hier, gucken Sie selbst.

Ich kann das nicht überprüfen. Sind Sie damit einverstanden, dass ich das Handy jemanden gebe, der mal in das Handy reinschaut?

Ja, aber ich brauche das bitte für die Arbeit dann wieder.

Ein Kollege betritt den Raum, nimmt das Handy, um es einen Stock tiefer zu den Kollegen der Auswerteeinheit zu bringen. Der Forensiker zieht Kontakte, Anruflisten, Whatsapp- und SMS-Verläufe vom Gerät und bringt die Listen hoch zur Achten. Die Funkzellenabfrage ergibt, dass Daytons Handy im Bereich der Treskowbrücke eingeloggt war, am Tag des Todes und dem Tag danach.

Ein anderer Ermittler hat bereits Daytons Fingerabdrücke in die Datenbank eingegeben und ist jetzt unterwegs, um Daytons Speichelprobe für die DNA-Analyse ins Labor am Tempelhofer Damm zu bringen. Hertzberg beobachtet den Zeugen, sucht nach verräterischen Wunden an den Fingerknöcheln, Kratzern, blauen Flecken. Dayton lässt das alles zu. Er fühlt sich sicher.

Wie heißt Ihre Freundin?

Tabea Zinn. Sie steht unter Eisen in meinem Handy, weil ich sie bei einem Fußballspiel bei Eisern Union kennengelernt habe. Ich würde sie lieber nicht hierrein verwickeln. Sie hat den Typen nie getroffen und sie hat auch keine Tattoos. Sie arbeitet in einer Tierarztpraxis und ist ein ganz normales Mädchen. Sie wohnt in Schöneweide.

Wo genau?

Ich kenne die genaue Adresse nicht.

Wann waren Sie letztes Mal bei ihr?

Normalerweise kommt sie zu mir. Wir werden bald zusammenziehen.

Wann waren Sie das letzte Mal bei ihr?

Vor zwei Tagen.

Was denn nun? War er vor einem Monat das letzte Mal in Schöneweide? Oder vor zwei Tagen? Fährt er mit der BVG dahin? Oder immer nur mit Freunden? Die ersten Widersprüche tauchen auf, Hertzberg hakt nach, lässt nicht locker, Dayton bleibt dabei, es wird hitziger, dann fragt der Polizist wie aus dem Nichts:

Ihre rechte Hand ist geschwollen, was ist passiert?

Das ist nicht geschwollen, das sind alles Knochen. Das ist ein alter Bruch. Die Hand ist immer so dick.

18. Juli, 20.15 Uhr. Der Zeuge beginnt zu weinen, vergießt Tränen um einen Bekannten, den er nur drei Mal in seinem Leben getroffen haben will. Während Dayton seine Schokoriegel isst, beraten die Ermittler nebenan, wie es weitergehen soll. Sie schlagen dem Tätowierer eine Ausfahrt vor: zum Innsbrucker Platz, wo er mit Stadlmeier gesoffen und sich dann von ihm getrennt haben will, zu Daytons Wohnung, der Bar in Schöneweide, zum Mietshaus seiner Freundin.

18. Juli, 23.45 Uhr. Hertzbergs Kollege, der Tatortexperte, klingelt bei Tabea Zinn in der Edisonstraße. Erst regt sich in der Wohnung nichts, als sich die Ermittler mit „Hallo, Polizei, aufmachen, bitte" bemerkbar machen, drängt die 21-Jährige mit Jacke und Handtasche heraus.

Eine Frau mit langen Haaren, die für ihre Ausbildung zur Tierarzthelferin nach Berlin gezogen ist und von Kollegen und Bekannten als eher unterkühlt und emotionsarm beschrieben wird. Tabea habe immer gern gefeiert, sei aber, seitdem sie Dayton kennt, „nur noch zugedröhnt" gewesen.

Zinn steht mit den Polizisten noch in der Tür, als dem Tatortmann der Geruch starker Putzmittel in die Nase steigt. Im Schlafzimmer finden die Beamten hinter einem Müllsack ein Beil, eine Handsäge, ein Sägeblatt und ein Messer. Die Wohnung wirkt schmutzig, unordentlich, allein das Badezimmer erstrahlt in Glanz. Die Ermittler bitten Zinn, ihnen als Zeugin ins Revier zu folgen.

19. Juli, 0.50 Uhr. Dayton sitzt da bereits wieder in der Keithstraße. Hertzberg erklärt ihm, er sei nun festgenommen, fesselt den jetzt Beschuldigten mit der linken Hand an den Vernehmungsstuhl.

Zwei Räume weiter nimmt nun Tabea Zinn als Zeugin Platz. Jede Frage, jede Antwort, die in den Zimmern protokolliert wird, lesen die Chefs an ihren Computern mit. Das Team draußen versucht nun, die Widersprüche drinnen aufzudecken, Lügen zu überführen. Stellt sich eine Behauptung als falsch heraus, geben die Chefs die nächste Frage per E-Mail über die Schreibkraft an die Vernehmer weiter. Oder holen die Kommissare, um sich zu beraten, kurz aus der Vernehmung heraus.

19. Juli, 3.37 Uhr. Auf Widersprüche müssen sie in dieser Nacht nicht lange warten. Als sie lesen, dass Tabea im Verhör sagt, dass sie im Badezimmer ihr eigenes Blut aufgewischt habe, weil Brian sie aus Eifersucht heftig ins Gesicht geschlagen habe, geben sie das an Hertzberg weiter. Er spielt die beiden nun gegeneinander aus. Dass die 21-Jährige ihren Freund nur schützen will, durchschaut Brian nicht, er glaubt, sie verrät ihn gerade und gerät außer sich, als Hertzberg sagt:

Tabea hat erzählt, dass sie von Ihnen geschlagen wurde. Dass Sie sie mehrfach ins Gesicht geschlagen haben. Sie sagt, dass Sie rausbekommen hätten, dass sie sich mit einem Freund von Ihnen getroffen hätte. Was sagen Sie dazu?

Das ist eine Lüge.

Haben Sie sie geschlagen?

Nein.

Wie kommt sie dann darauf?

Das weiß ich nicht. Ich bin fertig, bringen Sie mich ins Krankenhaus!

An diese Nacht erinnert sich Hertzberg noch zehn Jahre später genau. Ein Tag im April dieses Jahres. Er schlendert am Kreuzberger Landwehrkanal entlang, eine Wollmütze über die Stirn gezogen. Der 54-Jährige achtet darauf, dass Spaziergänger nicht zufällig etwas von seiner Geschichte aufschnappen. Hertzberg sagt: „Ich hatte in der Nacht den Kampf fast verloren." Als er spürte, dass der Akku ausläuft, ihm vor Erschöpfung die Tränen kamen, habe ihn vor der Tür ein Kollege abgepasst: „Ja, Großer, jetzt tut es weh. Aber du musst dich nochmal konzentrieren." Eine Umarmung, ein Kaffee, dann kam „die zweite Luft".

Der Tatort. *Die Wohnung ist chaotisch, nur das Bad akribisch sauber geschrubbt.*

19. Juli, 13.45 Uhr. Dayton wird zur zweiten Beschuldigtenvernehmung aus dem Zellentrakt geholt. Er sagt, dass es ihm schrecklich gehe, er habe kaum geschlafen. Auf einen Verteidiger verzichtet er. Seine Kollegen hätten gestern noch „sehr lange" mit seiner Freundin gesprochen, sagt Hertzberg. Und auch die Untersuchung der Handys und der Wohnung habe „sehr interessante und zahlreiche Informationen" hervorgebracht. Er fragt:

Herr Dayton, wollen wir es kurz machen?

Ja.

Wir haben Ihre DNA im Koffer gefunden, den wir aus dem Wasser gezogen haben. Was sagen Sie dazu?

Was kann ich sagen?

Was halten Sie davon, wenn ich Ihnen erzähle, wie sich das Tatgeschehen abgespielt hat?

Es begann im Suff ein Streit.

Um was ging denn der Streit?

Ich weiß es noch nicht einmal.

Wenn Hertzberg an die folgenden zwei Stunden denkt, sieht er nur Daytons Gesicht vor sich, „wie im Tunnel". Kein Typ, mit dem er ein Bier trinken würde, aber auch „kein eiskalter Mörder". Sie habe etwas verbunden, nach dieser Nacht vielleicht für immer. „Wir haben beide Brüche und Risse bekommen." 24 Stunden haben sie miteinander gerungen, als Dayton schließlich einknickt.

Er hatte Stadlmeier am 5. Juli im Tattoo-Studio am Nollendorfplatz getroffen.

Danach zogen sie zusammen rum, tranken erst in „Hardy's Bar" und kauften sich dann zwei Flaschen Wodka mit O-Saft. Sie fuhren mit der S-Bahn nach Schöneweide, weil sie „Zum Henker" wollten, entschieden aber dann, Daytons Freundin Tabea zu besuchen.

In deren Wohnzimmer ging das Saufgelage weiter. Der Wodka floss pur. Es kam zum Streit. Auf 2,7 Promille schätzt später der Sachverständige den Alkoholgehalt im Blut des Amerikaners zum Tatzeitpunkt zwischen ein und zwei Uhr nachts.

Nach der Tat schreibt Dayton auf Facebook: „Habe gerade herausgefunden, dass Tabea die Frau für mich ist. Ich kenne niemand Vergleichbaren." Er ändert seinen Beziehungsstatus in „Verheiratet", stellt ein gemeinsames Foto ins Netz. Als ihn eine Freundin fragt, ob wirklich geheiratet wurde, antwortet Dayton, dass ihm Heirat per Gesetz nichts bedeute. Ihre Ehe sei mit Blut besiegelt.

Dayton nimmt alle Schuld auf sich, den Totschlag, die Zerstückelung, die Beseitigung der Leichenteile. Er habe so die Identifizierung des Opfers verhindern wollen.

Tabea Zinn sagt später im Prozess, dass es in dem Streit um einen Mann gegangen sei, den der eine gut und der andere mies fand. „Ich hörte dann eine Schlägerei." Sie will die Wohnung aus Angst verlassen haben. Als sie zurückkam, sei überall Blut gewesen. „René lag in der Badewanne und rührte sich nicht mehr, Brian hatte das Beil in der Hand." Die Waffe hatte an der Wohnzimmerwand als Dekoration gehangen. „Ich dachte, Brian könnte mit mir dasselbe machen." Sie versprach ihm, keine Polizei zu rufen.

Sie müssen uns erklären, warum René so massive Kopfverletzungen hatte!

Ich versuchte seinen Kopf aufzubrechen, aber ich hatte nicht die richtigen Werkzeuge. Es hat nicht funktioniert.

Hatten Sie in Ihrem Leben Erfahrung mit der Fleischverarbeitung?

Ja, die Jagd.

Was haben Sie gejagt?

Ich habe Rehe gejagt, Rotwild. Ich konnte mich aber nicht dazu bringen, ihn zu häuten, ihm die Haut abzuziehen. Das hätte ich aber machen müssen, um seine Tattoos verschwinden zu lassen.

19. Juli, 16.26 Uhr. Die Schreibkraft notiert: Vernehmungsende. Hertzberg erinnert sich an eine bleischwere Stille, sagt, dass der ganze Raum „voll mit Traurigkeit, Müdigkeit und schwerer Straftat" war. „Ich habe so etwas nie vorher und nie nachher erlebt."

19. Januar 2012. Uwe Isenberg, Chef der achten Mordkommission, verliert seinen Vernehmer, weil das Dienstrecht damals noch verbietet, dass Hertzberg, der Schutzpolizist mit Realschulabschluss, in der Mordkommission aufsteigt. Isenberg bittet seinen damaligen Dezernatschef, eine Ausnahme zu machen, vergeblich. „Ich bin dem schnöden Mammon gefolgt", sagt Hertzberg. Er wird zum Chef bei der Sondereinheit MEK Rotlicht befördert, gerät in den Berliner Rockerkrieg und nimmt den berüchtigten Boss Kadir Padir persönlich fest.

26. April 2012. Die 35. Große Strafkammer verurteilt Brian Dayton zu zehneinhalb Jahren Haft und ordnet die Unterbringung in einer Entziehungsanstalt an. „Eine brutalere Tat, als einem Menschen mit einem Beil den Schädel zu spalten, kann man sich nicht vorstellen", sagt der Richter. Bestialisch sei die Tat gewesen, in ihrer einzigartigen Grausamkeit völlig aus dem Rahmen fallend, „wie im Mittelalter". Das Opfer habe noch gelebt, als Dayton mit dem Beil auf Ober- und Unterkiefer einschlug. Der Österreicher erstickte an seinem Blut.

Tabea Zinn sitzt fünf Monate wegen Strafvereitelung in U-Haft und am ersten Prozesstag mit Brian Dayton auf der Anklagebank. Sie hat nicht nur ihren Job als Tierarzthelferin, sondern offenbar auch jeden Halt im Leben verloren. Die Mutter sagt, dass sie ihre Tochter, die damals für ihre Ausbildung voller Optimismus nach Berlin aufgebrochen sei, kaum wiedererkenne. Die junge Frau befindet sich in Therapie. Ihr Verfahren wird gegen 1000 Euro Geldbuße eingestellt.

Volker Hertzberg führt heute beim Personenschutz ein Kommando.

*Die Namen aller Opfer, Zeugen und Verdächtigen wurden geändert.

So ticken die Ermittler

Nirgendwo in Deutschland gibt es eine so hohe Dichte an Tötungsdelikten, die teils seit Jahrzehnten von denselben Ermittlern bearbeitet werden – seit Gründung der Inspektion fast 100 Jahre Erfahrung. Neun Fragen ans Berliner Morddezernat

Um ehrlich zu sein, sagt Andreas Maaß: Er hatte sich seinen neuen Job etwas eintönig vorgestellt, als ihn der Leiter des Landeskriminalamts vor sieben Jahren zum Chef des Morddezernats berief. Sei ja immer dasselbe Delikt: A tötet B. Oder versucht es zumindest. Heute sei er heilfroh, dass er nicht, wie sonst üblich, nach fünf Jahren als Führungskraft wieder rotieren musste. „Ich habe an den Tatorten Dinge gesehen in dieser Stadt, von denen ich vorher keine Ahnung hatte."

Das Obdachlosencamp unter der Schöneberger Autobahnbrücke beispielsweise, das die Bewohner in verschiedene Nationalitäten aufgeteilt hatten. Oder die Stadt in der Stadt, errichtet aus Zelten und Baracken, auf der Brache in der Kreuzberger Cuvrystraße, wo Unbekannte 2014 ein Feuer gelegt hatten.

Kriminaldirektor Maaß, 56 Jahre alt, ist in Berlin geboren, in Moabit aufgewachsen. Als junger Polizist hat er Trickdiebstähle bearbeitet, später unter anderem Führungsaufgaben bei der Organisierten Kriminalität, Korruption, Wirtschaftskriminalität und dem Staatsschutz übernommen. Bei M1, wie die Ermittler die Mordkommission nennen, habe er Berlin neu erlebt, diese „unglaublich vielfältige bunte Stadt" mit ihren Subkulturen, der Clubszene, den Obdachlosen.

Wie fühlt es sich an, bei der Mordkommission zu arbeiten?

M1 gilt unter Polizeischülern als Traum, die Krönung der Karriere. Erstaunlicherweise schaffen es die meisten Ermittler und Ermittlerinnen, sich dieses Gefühl auch im Alltag zu bewahren, trotz der zehrenden Bereitschaftsdienste, des Elends und der Gewalt. Wechseln will hier kaum einer, die Antworten klingen in den Büros des Landeskriminalamts 11, Keithstraße, fast alle gleich. „Mordkommission – was soll danach denn bitte noch kommen?"

Etliche haben in den 90er Jahren noch als Anwärter hier angefangen, der Altersschnitt liegt im vierten Stock des Hauses bei 48 Jahren. Eine so hohe Motivation, sagt Maaß, sei ihm bei seinen früheren Stationen nie untergekommen.

Die Ermittler selbst erklären es so:

Kriminalhauptkommissar Hauke Schmidt, 53, Mitgründer und Vize-Chef der Sondereinheit Cold Case: „Manchmal muss das Privatleben wochenlang in den Hintergrund rücken. Aber es ist ein unbeschreibliches Gefühl, wenn man gemeinsam dem Täter in so einer Ermittlung Schritt für Schritt näherkommt und am Ende ein Stück Gerechtigkeit wiederherstellt."

Kriminalhauptkommissarin Peggy Sponholz, 38, stellvertretende Chefin in der zweiten Mordkommission: „Unser Handwerkskoffer ist die Strafprozessordnung und die Mordkommission der Ort, wo wir den ganzen Koffer auspacken können: Wenn wir 'nen Hubschrauber für einen Fall brauchen, kriegen wir 'nen Hubschrauber. Wenn wir Taucher anfordern, bekommen wir Taucher."

Erster Kriminalhauptkommissar Uwe Isenberg, 54, Chef der achten Mordkommission: „Uns eint der Teamgeist und das Jagdfieber. Wir arbeiten autark, genießen das Vertrauen der Behörde."

Kriminalhauptkommissar Uwe Behrens, 53, Chef der fünften Mordkommission: „Nirgendwo sonst ist es möglich, so akribisch zu arbeiten. Sich auf einen oder wenige Fälle zu fokussieren, in die Tiefe zu gehen, den Fall auszuermitteln – und wenn es Jahrzehnte braucht."

Was macht das Berliner Dezernat besonders?

Es ist ja nicht nur der M-Bus, also der Mord-Bus, mit dem die Ermittler bis heute zum Tatort fahren, und der mit allem bestückt ist, was man für die Spurensicherung brauchen könnte. Der gesamte Arbeitsalltag in der Keithstraße bleibt geprägt von den Erfindungen des legendären Kriminalkommissars Ernst Gennat, der die Zentrale Mordinspektion am 1. Januar 1926 gegründet hat. „Nach fast 100 Jahren profitieren wir in Berlin noch immer von den gleichen Stärken", sagt der Erste Kriminalhauptkommissar Andreas Voges, Chef der vierten Mordkommission.

Geschaffen hat Gennat die Kommissionen, um als kleine Einheiten Tötungsverbrechen rascher und professioneller aufzuklären. Sie bestanden aus Fachleuten, die nicht erst aus den Wachen geholt werden mussten, wenn irgendwo eine Leiche lag.

Bis heute leisten sich nur Metropolen wie Hamburg, Köln und München reine Mordkommissionen. Den Berlinern wird nachgesagt, besonders professionell zu arbeiten. „Wir sind ja auch die Trainingsweltmeister", sagt der Erste Kriminalhauptkommissar Ingo Kexel, Leiter der zweiten Mordkommission. Nirgendwo in Deutschland gebe es eine so hohe Dichte an Tötungsdelikten, die zum Teil seit Jahrzehnten von denselben Ermittlern bearbeitet werden.

Wie arbeiten die Ermittler?

Acht Ermittler, ein Chef und eine Schreibkraft gehören zu einer von insgesamt acht Mordkommissionen. Außerdem zählen sieben Sonderermittler zum Dezernat, das sich um die Cold Cases, die ungelösten Altfälle, kümmert.

Ein eingespieltes Team. Fast jedes andere Bundesland würde eine Sonderkommission aus 30 Polizistinnen und Polizisten gründen, käme es zu einem Großeinsatz wie beispielsweise dem nach der Clanschießerei am

Tempodrom. Den Berlinern reichen selbst für die spektakulären Fälle „acht plus eins".

Das Dezernat ist zuständig für jeden vollendeten oder versuchten Mord, Totschlag, für Entführungen, erpresserischen Menschenraub, Amoklauf und Geiselnahmen. Beim Terroranschlag am Breitscheidplatz übernahm das LKA 11 die Ermittlungen am Tatort.

Alle sechs bis acht Wochen geht eine Kommission für zehn Tage in Rufbereitschaft. Jeder neue Fall gehört dann ihr. Ist der Täter bei einem Mord oder Totschlag unbekannt, geht die Bereitschaft auf die nächste über, damit die Kommissare und Kommissarinnen sich auf die Jagd konzentrieren können. Nach Hause fahren sie dann oft nur noch zum Duschen und für ein paar Stunden Schlaf. Meist geht das über mehrere Tage so, manchmal auch über Wochen.

Kriminalhauptkommissar. Hauke Schmidt im Aktenarchiv des LKA 1 „Delikte am Menschen" in Berlin-Tiergarten

Ist Berlin die Hauptstadt des Verbrechens?

Wird oft behauptet, ist aber falsch. Im Vergleich mit den anderen Bundesländern belegt Berlin bei Mord und Totschlag gerade einen mittleren Rang – weit abgeschlagen hinter Würzburg 2020 und Bremen 2019 (jeweils 10 Fälle auf 100 000 Einwohner).

Während in kleineren Städten die Rate von Jahr zu Jahr stark variiert, gab es in Berlin in den vergangenen Jahrzehnten keine relevante statistische Veränderung. Wenn es eine Tendenz in der Hauptstadt gibt, dann sinkt sie. „Für 2020 hatte ich wegen Corona einen noch stärkeren Rückgang erwartet", sagt Dezernatsleiter Andreas Maaß.

Während der Lockdowns sei entfallen, was sonst zum Alltag der Berliner Ermittler gehört: spontane Taten, die sich in den

Lokalen, Clubs und Bars aus Streitereien im Suff und unter Drogeneinfluss ergeben. Die Kriminalisten und Kriminalistinnen hatten befürchtet, dass die Zahlen für Totschlag steigen, weil die häusliche Gewalt eskaliert. Was sich ebenfalls als Irrtum erwies.

Die Fälle sind 2020 von 106 auf 95 zurückgegangen. Davon waren 55 versuchte Tötungen. Damit kommt Berlin auf eine Rate von 2,5 pro 100 000 Einwohner. Die Aufklärungsquote lag bei 92 Prozent. 125 Tatverdächtige wurden ermittelt, davon waren 113 Männer, 58 hatten nicht die deutsche Staatsangehörigkeit.

Welche Rolle spielt die Kriminaltechnik?

Im Laufe der Jahre haben sich die Methoden, mit denen Mörder überführt werden, stark gewandelt. Die Berliner Ermittler und Ermittlerinnen waren in Deutschland die ersten, die Ende der 80er Jahre einen Sexualverbrecher mit einer DNA-Analyse überführten. Da mittlerweile den Kriminaltechnikern kleinste Blutstropfen, Fusseln und Fasern genügen, um einen Täter zu identifizieren, kostet die Tatortarbeit den zuständigen Ermittler oder die Ermittlerin heute nicht nur Stunden, sondern Tage und Wochen.

Jede Videokamera ist eine Chance, aber auf einem einzigen Bahnhof kommen schnell Hunderte Stunden Material zusammen, das gesichtet werden muss. Die Telefonüberwachungen binden in vielen Fällen eine komplette Kraft. Sucht die Polizei öffentlich nach Zeugen, muss jemand das Hinweistelefon betreuen.

Die digitale Revolution bescherte den Ermittlern zusätzlich Tausende Daten, die ausgewertet werden müssen: auf den Computern von Opfern und Beschuldigten, ihren Smartphones, Handys, SMS, Whatsapp, Social Media.

Dezernatschef Maaß sagt: „Die Zahl der Fälle ist über Jahrzehnte weitgehend konstant geblieben, aber die Anforderungen sind extrem gestiegen." Für die Kommissariate sei es kaum zu bewältigen, unter diesen Bedingungen eine Ermittlung innerhalb von sechs Monaten zur Anklage zu bringen. Er hat im LKA beantragt, die Einheiten von neun auf elf Kräfte aufzustocken.

Wie belastend ist die Ermittlerarbeit?

Ein Vater, der seine dreijährige Tochter tötet und das sterbende Kind mit dem Handy filmt, um es der Ex-Frau zu zeigen. Ein 16-Jähriger, der im Scheidungskrieg aufgestachelt wird und die Mutter ersticht.

Ein 80-Jähriger, der seine bettlägerige Frau, die Liebe seines Lebens, erstickt, weil er mit ihrer Pflege überfordert ist. „Bei dem einen oder anderen hat sich sicher schon etwas ‚Hornhaut auf der Seele' ausgebildet, um mit Elend und Verzweiflung umgehen zu können", sagt Thomas Behle, 52, Chef der siebten Mordkommission.

Zwei Psychologen stehen im Haus bereit, um besonders belastende Einsätze zu verkraften. Warum diese so selten ihre Hilfe in Anspruch nehmen, erklären die Therapeuten mit der engen Arbeit im Team. „Die kennen sich seit Jahren und können untereinander ihre Gefühle rauslassen", sagt Maaß. Auch der Erfolg, also die Aufklärungsquote von mehr als 90 Prozent, mache es leichter, nicht von dem Gefühl übermannt zu werden, dass die eigene Arbeit sinnlos ist.

Wie löst man einen Mordfall?

Es sind die Tage, die Maaß „besondere Freude" bereiten: zuzusehen, wie ein Team „in Kommission" geht, also ausschwärmt, um einen Mörder zu fassen. „Weil das Geschäft in den ersten Tagen so unglaublich dynamisch ist." Wenn er sich morgens nach der aktuellen Lage erkundige, ergebe sich mittags oft schon ein komplett anderes Bild.

Mindestens zwei Mal am Tag sieht er das Team dann an seinem Besprechungstisch sitzen, um untereinander auszutauschen, was der Tatort, die Umfeldbefragung und Zeugensuche ergeben haben. Ein Bild wie in einer in die Jahre gekommenen WG, das sich in jeder der Kommissionen gleicht: Gläser mit Nutella, Cornflakes und Kaubonbons stehen auf der Plastiktischdecke, Unmengen Kekse, Schokolade.

Dezernatchef. *Andreas Maaß, Chef des Mord-dezernats*

Was ist passiert? Wie? Und warum? Dutzende Theorien werden durchgespielt, variiert, verworfen. Immer wieder stellen sie sich gegenseitig dieselben Fragen, keine Antwort gilt als zu weit hergeholt. Kriminalhauptkommissar Thomas Bordasch, 49, von der Siebten, sagt diesen einen Satz oft: „Es gibt nichts, was es nicht gibt."

Auf das Whiteboard an der Wand heften sie mit Magneten Fotos der Opfer, Zeugen, Verdächtigen, vermerken in Grün, Blau und Rot, was als Nächstes ansteht: Speichelprobe, Auswertung Turmdaten, Zeugenvernehmung.

Sie lachen viel, um Druck abzulassen, und schlafen wenig, manche auf der Luftmatratze im Büro. Ohne Team ist man hier nichts, sagt Kriminalhauptkommissarin Barbara Bluhm, 60, von der Zweiten. „Man kann niemals einen Mord alleine aufklären."

Was ist die Herausforderung der Zukunft?

Mitte 50, weiß, männlich, West-Berliner – auf fast alle Kommissionsleiter trifft der Vierklang zu. Maaß macht die Schräglage das Führen leicht. Noch nie gab es eine Chefetage, in der das Fallwissen aus drei Jahrzehnten Berliner Mordgeschichte versammelt war. Es läuft im Alltag praktisch von alleine.

Mindestens sechs der durchweg männlichen neun Leiter (und etliche ihrer Stellvertreter) werden zwischen 2028 und 30 die Keithstraße verlassen. Weil die Berliner Polizei über Jahre kein Personal einstellen durfte, ist den Mordkommissionen der Mittelbau weggebrochen: Erfahrene Ermittler und Ermittlerinnen in den 40ern, die für die Nachfolge in Betracht kämen.

Fahnder ohne biodeutsche Wurzeln sind im Haus bis heute Exoten. Aufholen konnte Maaß zumindest bei der Anzahl der Kommissarinnen: 35 Prozent seiner insgesamt 90 Mitarbeiter sind weiblich. „50 Prozent wären wünschenswert."

Ist jede Mordkommission gleich?

Gibt es auf den Straßen Tote, sieht man zwischen den Ermittlern hinter der Flatterleine auch Chef Maaß stehen. Im ersten Jahr habe es ihn noch irritiert, dass jede Mordkommission anders arbeitet, inzwischen wisse er: „Alle ihre Wege führen meist zum Ziel."

Auf der einen Seite gebe es Chefs, die sich pragmatisch mit einer verinnerlichten Checkliste vom Tatort vorarbeiten. Auf der anderen die „Künstlertypen", die eher mit Bauchgefühl an den Fall herangehen, aus der Situation entscheiden, was zuerst veranlasst wird. Eines eine alle: „diese wahnsinnige Ausdauer und Akribie".

U-Bahn in den Tod

Nur 200 Meter trennen Emma noch vom Haus ihrer Eltern. Doch dort kommt sie nie an. Beobachtete ihr Mörder sie schon in der U5? Irgendwo auf Hunderten Stunden Videomaterial der Überwachungskameras könnte er zu sehen sein. Doch entscheidende Aufnahmen fehlen. Für die Ermittler beginnt ein Wettlauf gegen die Zeit

Emma, das ist kein Fall wie andere. Und weil es sein Fall wird, kann sich Kriminalhauptkommissar Jan Merkel, der zuständige Sachbearbeiter, wie es offiziell heißt, auch sechs Jahre später an fast jedes Detail erinnern. Spürt fast noch, wie gedrückt die Stimmung im Auto war, als er an jenem Samstagvormittag des 16. Mai 2015 mit seinem Kollegen nach Lichtenberg fuhr, um mit Emmas Freundin und ihren Eltern über die Party zu sprechen. Wer war alles eingeladen? Hatte Emma einen Flirt?

Einen Ex-Freund? Gab es Streit? Exzesse?

Die Polizisten hangeln sich von einer Adresse zur nächsten. Stellen ihre Fragen, überbringen erst dann die schlimme Botschaft. Es habe ein Tötungsdelikt gegeben.

DAS OPFER

Emma Kibalsky* kommt gerade von einer Party, als sie ein paar Stunden zuvor, um

1.11 Uhr, die Stufen zum U-Bahnhof Frankfurter Allee herabsteigt. Ein schlankes Mädchen, zierlich für seine 18 Jahre, langes dunkles Haar.

Emma lebt mit ihrer jüngeren Schwester und ihren Eltern in einem Reihenhaus in Kaulsdorf. Sie hat vor ein paar Wochen ihr Abitur bestanden, mit sehr guten Noten. Jetzt will sie Medizin studieren, vielleicht später in die Gerichtsmedizin gehen.

Ein schüchternes, zurückhaltendes Mädchen, wie es später im Urteil des Berliner Landgerichts heißt. Emma hat ein Talent zum Zeichnen, singt gerne, mag Sport, beim Fußball vor allem Union Berlin, beim Basketball die Albatrosse. Auf ihrer Facebookseite kommentiert sie Comedy-Serien, Heidi Klums Show „Germany's Next Topmodel", Stefan Raab.

Es ist das erste Mal, dass Emma so lange ausgehen darf. „Letzter Kindergeburtstag" heißt das Motto der Party ihrer Freundin in der Begegnungsstätte im „Haus der Generationen", Berlin-Lichtenberg. Ironisch gemeint, aber eigentlich treffend: Etliche Eltern feiern mit, es fließt kaum Alkohol, es gibt keine Drogen.

Emmas Mutter liegt seit ein paar Tagen im Krankenhaus. Ihr Vater bekommt gegen Mitternacht eine SMS von seiner Tochter: Die Geburtstagsfeier sei zu Ende, sie räume jetzt noch mit auf. Vereinbart ist, dass Emma von einer Freundin gefahren wird. In einer Stunde, schätzt der Vater, wird Emma wieder zu Hause sein. Während er auf das Klimpern ihrer Haustürschlüssel wartet, schläft der Vater auf dem Sofa ein.

DER TATORT

200 Meter trennen Emma noch von ihrem Elternhaus, als sie jemand auf dem schmalen Weg, der vom Bahnhof Wuhletal zu ihrer Reihenhaussiedlung führt, von hinten in den Schwitzkasten nimmt. Emma wehrt sich heftig, sodass beide zusammen eine Böschung hinunterfallen. Das Mädchen schlägt, kratzt und tritt, kann sich aber dem Angreifer, der ihren Hals umklammert, nicht entwinden. Als sie versucht, um Hilfe zu schreien, umklammert der Mann ihren Hals mit beiden Händen. Fünf, vermutlich acht Minuten dauert Emmas Todeskampf.

Ein 16-Jähriger, der vorbeikommt, um seine Freundin am Bahnhof abzuholen, kommt ihr nicht zu Hilfe. Er hört zwar Geraschel im Gebüsch, denkt aber an Wildschweine, die auf der Lichtung öfter Nahrung suchen, und geht zügig weiter. Eine Fußgängerin entdeckt Emmas Leiche um 5.28 Uhr auf dem Weg zur Arbeit und ruft die Feuerwehr.

Gegen 2.30 Uhr wacht ihr Vater auf. Erst bekommt er ein Freizeichen, dann klingelt das Handy seiner Tochter nicht mehr. Er läuft los, als er am Morgen draußen das Blaulicht, einen Rettungswagen auf dem Weg zum Bahnhof, sieht. An der Flatterleine der Polizei stirbt für ihn alle Hoffnung.

Als gegen 8.30 Uhr die erste Mordkommission, LKA 111, eintrifft, haben die Kollegen der örtlichen Direktion den Tatort und die Videoaufnahmen vom Bahnhof Wuhletal gesichert, einen Seelsorger zum Haus der Kibalskis geschickt und die ersten Anwohner an der Absperrung vernommen. Die Nachbarn berichten von einer Psychiatrie in der Nähe, deren Patienten, die sie öfter im Gebüsch und auf der Wiese, die dahinterliegt, beobachtet hätten. „Unsere erste Hypothese war, dass ihr da jemand aufgelauert hat", sagt Kriminalhauptkommissar Guido Sündermann.

Bei der Ersten ist Sündermann, 43 Jahre alt, der Experte für den Tatort. Doch weil alle wissen, dass Sündermann nicht nur technikaffin, sondern auch hilfsbereit ist, kümmert er sich, wenn nötig, um die Computerauswertungen oder Videonachverfolgung. Einer, der von seiner Arbeit besessen ist, sich im Hintergrund am wohlsten fühlt.

Das Team der Ersten teilt sich auf: Eine Kommissarin geht zur Familie. Die Ermittler wandeln auf einem schmalen Grat, wissen einerseits, dass die meisten Mörder aus dem persönlichen Umfeld stammen und andererseits, dass die allermeisten Angehörigen traumatisierte Opfer sind. Es gilt als Kunst, so zu fragen, dass man jeden

Verdacht ausräumen kann, ohne bei den Unschuldigen neue Wunden zu schlagen.

Zwei ihrer Kollegen ziehen vom Tatort ab, um in Emmas Nachbarschaft und in der Gemeinde herumzufragen. Einer koordiniert die Arbeiten der Gerichtsmedizin und Kriminaltechnik am Tatort. Zwei weitere übernehmen den Ort der Party und Emmas Freundeskreis.

Bevor Sündermann sich auf den Weg macht, prägt er sich das Bild des Opfers ein: die langen Haare, der schwarze Rock, die Lederjacke, ihre Handtasche. Der Täter hat ihr die Strumpfhose zerrissen, den Slip zerschnitten, versucht, sie zu vergewaltigen.

Der Kommissar läuft den Weg zum Bahnhof ab, schaut sich Ein- und Ausgänge an, zählt zwei Bahnsteige, zwölf Videokameras. Die Zeit läuft. Noch wissen die Ermittler nicht, wie und wann Emma nach Hause fuhr. Bei der BVG aber sind die Videos maximal 48 Stunden verfügbar, danach werden sie überschrieben.

Sündermann verspricht, schnell noch bei der Psychiatrie vorbeizuschauen. Der Abstecher hält ihn länger auf als geplant, weil sich der diensthabende Oberarzt querstellt, jede Information zunächst verweigert. „Dabei wollte ich doch nur wissen, ob einer der Patienten in der Nacht gefehlt hat." War aber nicht so. Also weiter.

DIE ERMITTLUNGEN

Das Opfer kennen die Ermittler am Ende meist besser als jeder andere, weil sie mit jedem sprechen und wissen, dass Eltern oft nur eine Seite ihres Kindes kennen, Lehrer etwas ganz anderes erzählen als die Sporttrainer, Geschwister als Freundin-

Der Tatortexperte. Kriminalhauptkommissar Guido Sündermann entdeckte den Täter.

nen, Mannschaftkameraden als Facebook-Freundinnen. Aber in diesem Fall, sagt Merkel, seien sich alle einig gewesen: Emma mochten alle. „Die war eine ganz Liebe."

Es ist der Albtraum aller Eltern, sagt Kriminalhauptkommissar Jan Merkel, 54, selbst Vater von drei Jugendlichen. Er weiß, dass viele Erwachsene sich ständig sorgen, weil sie die Kindermörder „hinter jedem Gebüsch" vermuten. Seit knapp 25 Jahren ermittelt Merkel im Morddezernat. Sein Beruf habe ihn im Umgang mit den eigenen Kindern eher gelassen als ängstlich gemacht: „Ich weiß, wie selten Kinder seit den 90er Jahren verschwunden sind." Die größte Gefahr lauere für sie in der eigenen Familie.

Merkel und sein Kollege fahren am Vormittag am Ort der Party vorbei, steigen aus, um selbst den Weg, den Emma genommen haben könnte, abzugehen, halten nach Videokameras Ausschau, möglichen Zeugen.

Am Tatort arbeiten die Ermittler bis in den Abend weiter. Sie fotografieren, nehmen Fußabdrücke, sichern Spuren und Fasern am Körper des Mädchens. Um 13.45 Uhr erscheint eine Polizistin mit dem Personenspürhund Bengy an der Absperrung. Der Hund nimmt eine Fährte auf, die zum Bahnhof Wuhletal führt – und sich dort verliert.

Im Obduktionssaal ist am Samstag auch den hartgesottenen Profis nicht nach Plaudern zumute. Leise murmelt der Gerichtsmediziner die Befunde in sein Diktiergerät. Er wird später mehr als zwei DIN-A4-Seiten brauchen, um eine Liste aller Verletzungen, „Anzeichen dumpfer Gewalt", aufzustellen. Kalte, klinische Begriffe, die beweisen, dass Emma so heftig kämpfte, dass der Fremde

Der Ermittler. *Kriminalhauptkommissar Jan Merkel erinnert sich noch an jedes Detail.*

sie nicht vergewaltigen konnte und diverse Abwehrverletzungen davongetragen haben muss.

Alles, was am Schreibtisch geklärt werden kann, erledigt der Kommissionschef in der Keithstraße noch nebenher. Ruft bei der Leitstelle der Polizei an, um nach auffälligen Suiziden nach dem Morgen des 16. Mai zu fragen. Lässt die Kollegen von der Operativen Fallanalyse im dritten Stock überprüfen, ob in der Gegend rund ums Lichtenberger Gemeindezentrum und den Bahnhof Wuhletal einschlägig bekannte Sexualstraftäter auffällig geworden sind. Alles Sackgassen.

Im Labor am Tempelhofer Damm legt der Analytiker eine Sonderschicht ein, um die Probe anzusetzen. Dann heißt es: 24 Stunden warten – und die Enttäuschung verkraften. In der Datenbank des Bundeskriminalamtes findet sich kein Treffer zum DNA-Profil.

DER VIDEOBEWEIS

Sündermanns Kollege übernimmt dieses Mal den Tatort. Als er am Tag des Mordes von der Psychiatrie in die Keithstraße gehetzt kommt, haben die Kollegen ihm die CD mit den Videos vom Bahnhof Wuhletal schon auf den Schreibtisch gelegt: 72 Stunden Material, von Mitternacht bis sechs Uhr morgens, aufgenommen von zwölf Kameras.

Sündermann lässt das Gerät mit achtfacher Geschwindigkeit laufen, starrt auf schwarze Schemen, die wie verschreckte Kellerasseln über die Bahnsteige wuseln. Er hat noch Glück. Weil er sich am Morgen auf dem Gelände umgeschaut hatte, merkt der Ermittler bereits nach eineinhalb Stunden, dass die BVG vergessen hatte, ausgerechnet die Kamera für den richtigen Abgang zu sichern. „Also bin ich in den Mantel gesprungen und hab mir in der Zentrale in Kreuzberg die richtige CD geschnappt."

Sündermann sitzt im Auto, flucht vor sich hin. Wieder eine Stunde verloren.

Auf der letzten CD entdeckt er Emma. Sieht, wie sie um 1.37 Uhr aus dem Wagen der U-Bahn-Linie 5 steigt, alleine den Bahnhof Richtung Verbindungsweg verlässt. Ebenso wie eine andere blonde Frau. Und ein Mann. Beide könnten ganz normale Fahrgäste sein. Sündermann sichert einen Screenshot, ruft bei der BVG an, dass er die Festplatten aus dem hinteren Teil des Zuges brauche, und fährt zurück in die Zentrale. Es ist Samstagabend. „Wir hatten nicht mehr viel Zeit, um Emmas Weg rückwärtsbewegend zum Einstiegsort zu rekonstruieren."

In der Zentrale ist man untröstlich: Die Festplatten im Zug seien defekt gewesen.

Aufgenommen wurde nur im ersten und letzten Wagen. Sündermann hakt nach: Wie kann das sein? So einen Zufall könne es kaum geben. Es geht hin, es geht her, bis der Mitarbeiter zum Telefon greift. „Tatsächlich hatte ein Polizeibeamter wegen einer Beleidigung genau diese Platten schon angefordert", sagt Sündermann. Die Festplatten liegen unversehrt im Nebenzimmer.

Jetzt müssen die Aufnahmen für die Polizei erst aufbereitet werden. „Die Übertragung dauert ewig." Um nicht sinnlos herumzustehen, lässt sich Sündermann die Bilder aus dem Bahnhof Frankfurter Allee vorspielen, wo Emma aus der Tram in die U-Bahn umgestiegen sein müsste. „Und siehe da: Da kam sie die Treppe herunter!"

Emma geht, wie die nächste Kamera zeigt, über den ziemlich vollen Bahnsteig, durch die Menge hindurch, setzt sich auf eine Bank, um auf die U5 zu warten. Als der Zug einfährt, geht sie nach rechts, steigt im vorletzten Wagen ein.

„Noch mal die erste Kamera", bittet Sündermann. Sieht wieder Emma. Und 40 Sekunden später den Mann folgen, der mit dem Mädchen in Wuhletal ausgestiegen ist. Er geht an Emma vorbei, lehnt sich an den Ticketautomaten, schaut immer wieder rüber, starrt sie an. Als die Bahn einfährt, wartet er erst ab, hastet dem Mädchen dann hinterher.

Sündermann springt aus dem Stuhl. „Das ist er! Das ist unser Täter!"

DER TÄTER

Mit der Polizei hat Arno Blaufels das erste Mal zu tun, als er sich am 20. Mai 2015 als Zeuge auf dem Polizeiabschnitt 64 meldet.

Auf die Ermittler macht der 30-Jährige einen „sehr introvertierten, zurückgezogenen Eindruck". Ein blasser, hochgewachsener Mann, 80 Kilogramm schwer und, wie es später der Sachverständige notiert, von „mäßig gepflegtem Zustand".

Das älteste von fünf Kindern der Familie Blaufels lebt noch bei den Eltern in einer Lichtenberger Plattenbausiedlung. Die Mutter kümmert sich in der Sechseinhalb-Zimmer-Wohnung um den Haushalt, der Vater spielt ständig am Computer. Er ist seit vielen Jahren arbeitslos. Bis auf die Tochter Jeanette sind in der Familie alle auf Sozialleistungen angewiesen.

Er ist 20, als er mit seiner zwei Jahre jüngeren Schwester eine Beziehung mit einvernehmlichem Geschlechtsverkehr eingeht. Die Beziehung, so schildern es Bekannte den Ermittlern, wird von der Familie belächelt, aber gebilligt.

In der Förderschule für lernbehinderte Kinder fällt Arno bereits im Grundschulalter durch ständiges Schwänzen auf. Auch später scheitern Bemühungen, den Jungen

Bilderflut. *In achtfacher Geschwindigkeit lässt Guido Sündermann die Videoaufnahmen ablaufen, es sind Hunderte Stunden Material.*

in den Arbeitsmarkt zu integrieren. Im September 2009 wird im Amt vermerkt, dass die Familie Krätze hat. Als Blaufels Ende 2014 dem Jobcenter erklärt, dass sich eine Erwerbstätigkeit nicht lohne und er lieber mit Sanktionen lebe, als arbeiten zu gehen, kürzt es ihm die monatlichen Zuwendungen auf 524,43 Euro.

Seine Zeit verbringt Blaufels als Jugendlicher mit Modellbau, wobei er funkgesteuerte Modellautos im Maßstab eins zu fünf mit voll funktionsfähigen Verbrennungsmotoren versieht. In den letzten Monaten sitzt er bis tief in der Nacht vor seinem hochgerüsteten Computer. Er steht auf Strategie-, Kriegs- und Gewaltspiele, bei „World of Tanks" steigt er bis zum Clanführer auf. Er spricht davon wie von einer Berufstätigkeit, zeigt sich stolz über die „große Verantwortung", die er für seine Mitspieler trage.

Er speichert außerdem mehr als 100 000 pornografische Bilder auf seinem Computer. Fotos und Filme von Frauen in schwarzen zerrissenen Strumpfhosen, die erniedrigt, gedemütigt und misshandelt werden.

Bekannte schildern Arno Blaufels als ruhigen, hilfsbereiten Typen. Er trägt Brille, dazu meist Jeans und Kapuzenshirt. Sein Haar wird schütter. Einmal in der Woche geht er zum Bowling. Am Wochenende duscht er sich, macht sich fein und unternimmt Streifzüge durch die Stadt. Auf einem dieser Ausflüge kreuzt die 18-jährige Emma seinen Weg. Es ist Sonnabend, der 16. Mai 2015, 1.11 Uhr, Bahnhof Frankfurter Allee.

DIE VERNEHMUNG

Einen Tag warten sie ab. Als die DNA-Spur ohne Treffer bleibt, sind auch Staatsanwalt und Richter überzeugt, dass nur noch die Öffentlichkeit hilft. Man muss bei diesem Schritt sicher sein, sagt Jan Merkel. „Wenn man die falsche Person hat, können die Folgen für den Verdächtigen beträchtlich sein."

Das Telefon der Ersten steht an jenem 20. Mai, einem Mittwoch, nicht mehr still. Mittags hat die Mordkommission 137 Hinweise gesammelt, als sich um 12.45 Uhr ein Zeuge im Abschnitt 64, Lichtenberg, meldet: Arno Blaufels. Der junge Mann erklärt, dass er sich auf den Fotos bei RTL selbst erkannt habe, ein großes Missständnis, deshalb sei er hier.

Die Polizei nimmt Blaufels fest. Es ist 13.04 Uhr, als die erste Beschuldigtenvernehmung beginnt. Der 30-Jährige erzählt, dass er „ein Faible, nachts rumzulaufen", habe, ihm in der Nacht auch die junge Frau mit der Lederjacke aufgefallen sei, dem Minikleid, den hellen schwarzen Strumpfhosen und „den flachen Schuhen zum Reinschlüpfen". Er sei aber kein Mörder und ihr auch nicht gefolgt.

– Hat Ihnen das Mädchen gefallen?

– Sah gut aus, klar, wer guckt da nicht hin als Mann.

Der Verdächtige wirkt zurückhaltend und unbeholfen, spricht mit leiser Stimme, vermeidet jeden Blickkontakt. Seine Speichelprobe fährt Merkel schnell zum Labor der Kriminaltechnik. Am Abend bringt das Transportkommando den Verdächtigen ins LKA 1, Keithstraße. Als Merkel und eine Kollegin gegen 18.30 Uhr den Zellentrakt im zweiten Stock betreten, schläft Blaufels auf der Pritsche. Ein Häufchen Elend, sagt Merkel, „klein, schmal, in sich zusammengesunken".

Sie würden gerne reden, sagt Merkel. Ob er vielleicht was essen will? Blaufels wünscht sich Currywurst, Pommes, scharf mit Ketchup. „Die haben wir ihm vom Wittenbergplatz geholt."

Um 19.27 Uhr bringt Merkel ihn in den vierten Stock. Das Vernehmungszimmer, ein schmaler Raum, an dessen Ende die Protokollantin wartet. Merkel setzt sich Blaufels gegenüber. Seit 15 Jahren führt er bei der Mordkommission die Vernehmungen. Was es dazu vor allem braucht? Erfahrung, sagt Merkel. „Aber auch Lust und Neugierde auf andere Menschen und Lebenswelten."

Das Gespräch mit Blaufels verläuft eher zäh. Merkel redet ihm zu, deckt Widersprüche auf, stellt Fragen zu seinem Leben, seiner Familie, der besagten Nacht – und erfährt so gut wie nichts. „Sehr kurz, in einfacher Sprache mit Worthülsen und nichtssagenden Umschreibungen" habe Blaufels seine Version bekräftigt: Ja, er stieg mit Emma aus dem Zug. Reiner Zufall. Er habe ihr vorm Bahnhof geholfen, als sie ihre Handtasche fallen ließ – und sie dann aus dem Blick verloren.

Kurz nach 22 Uhr guckt der Chef ins Zimmer rein: „Jan, kommst du mal?" Das Labor, sagt er ihm vor der Tür, habe gerade angerufen. Sie haben einen DNA-Treffer. Mit einer Wahrscheinlichkeit von mehr als zehn Milliarden zu eins.

Um 22.25 Uhr protokolliert die Schreibkraft:

– Wir haben gerade das Ergebnis der Kriminaltechnik bekommen. Sie haben an dem Mädchen Spuren verursacht, die eindeutig den Schluss zulassen, dass Sie der Täter sind. Was sagen Sie dazu?

– Ich war es nicht, wie gesagt. Ich habe nur die Handtasche aufgehoben. Das war's.

– Sie sind mit Ihrer DNA an ihrem Hals und an den Fingern von dem Mädchen und Sie werden auch noch an anderen Stellen sein, wo noch Spuren untersucht werden. Sie werden auch im Genitalbereich des Mädchens sein mit Ihren Spuren. Wissen Sie, was der Genitalbereich ist?

– Ja, klar. Es ist untenrum, Muschis, weeß icke.

– Es macht überhaupt keinen Sinn, jetzt noch die ganze Geschichte aufrechtzuerhalten, die Sie uns erzählt haben.

– Na, das war doch nicht mit Absicht. Ja, ich war's. Ich habe sie auch nicht vergewaltigt. Ich habe sie nur erwürgt.

– Jetzt die ganze Geschichte: von Anfang an!

DER PROZESS

Der Horror aller Ermittler – so nennt Sündermann Fälle wie den von Emma: keine Zeugen, keine Täter-Opfer-Beziehung, keine Vorstrafen, deshalb kein Treffer in der Datenbank, keine Verbindungsdaten, weil der Mann nicht mal ein Handy dabeihatte. „Ohne Videoaufzeichnung wäre der Fall nicht zu lösen gewesen."

Am 12. November 2015 beginnt vor dem Berliner Landgericht der Mordprozess gegen Arno Blaufels. Als Guido Sündermann als Zeuge auftritt, ahnen die Zuschauer, dass die Strategie des Angeklagten, das Geschehen als eine Art Unfall darzustellen, nicht aufgehen wird. „Ich hatte das Bedürfnis, ihm nachzuweisen, dass das eben keine Spontantat war."

Etliche Tage verbringt der Ermittler damit, die PCs von Täter und Opfer auszuwerten, taucht ab in zwei Lebenswelten, die unterschiedlicher kaum sein könnten. Auf der einen Seite Pornos, Gewalt, Kriegsspiele. Auf der anderen Seite Zeugnisse dieses „fast überbehüteten, schüchternen, netten Mädchens", das auf der Wiese, auf der es den Tod fand, aufgewachsen war, die Lichtung etliche Male fotografiert und gemalt hatte. „Es gab Momente, da sind mir wirklich die Tränen gekommen."

Auf dem PC von Blaufels findet Sündermann Dutzende Fotos von Frauen, die eine frappierende Ähnlichkeit mit Emma hatten. Frauen mit langen dunklen Haaren, Frauen in schwarzen Strumpfhosen, Frauen, die in Parks zum Sex gezwungen wurden. Das Mädchen, das am Frankfurter Tor aus der Tram stieg, passte perfekt in sein Beuteschema. Als Zeuge sagt Sündermann im Gerichtssaal: „Er hat die Person ausgewählt, die er schon kannte."

„Sie war arglos, wehrlos. Sie hatte überhaupt keine Chance", sagt der Vorsitzende Richter Ralph Ehestädt. „Er wollte Sex." Das Gericht verurteilt Arno Blaufels wegen Mordes zu einer lebenslangen Freiheitsstrafe.

Emmas Eltern verfolgen den Prozess nur aus der Ferne. Weil sie nicht hören wollen, was in dieser Nacht in all ihren Einzelheiten geschehen ist, nicht zulassen wollen, dass der Anblick des Täters die Erinnerungen an ihre Tochter überlagert. „Davor hatten und haben wir Angst", steht in einem Brief, den der Vater veröffentlicht hat. „Das Urteil mag juristisch gerecht sein", heißt es darin. Auch wenn es Emma, die die Familie begraben musste, und ihren Lebensträumen nicht gerecht werden könne.

*Die Namen von Opfer und Täter sind geändert

Der Täter. *Arno Blaufels suchte sich ein Opfer gezielt aus. Eine Fantasie, die er zuvor nur mit Pornos ausgelebt hatte.*

13 Jahre Jagd

Ein Mord auf dem Kurfürstenstrich, keine Zeugen, kaum Spuren. Es ist Henry Kolodziejs erster eigener Fall. Da ahnt er noch nicht, dass ihn die Ermittlungen sein restliches Berufsleben lang begleiten werden. Dem Täter blickt er am Ende in die Augen. Nur Gerechtigkeit findet er nicht

Es ist mehr als eine Erinnerung. Wenn Henry Kolodziej an die Nacht des 1. August 2000 denkt, spürt er noch die Müdigkeit, die nach ein paar Stunden Schlaf in seinen Gliedern steckte, als er in der Stille des heranbrechenden Tages in der Kurfürstenstraße stand. Er hört das Gemurmel der Kollegen, sieht in der Einfahrt die Leiche von Stanislaw Kamecki liegen. Der zierliche Körper des alten Herrn zerschmettert auf dem Asphalt. Es riecht nach Tod, Blut und Bier.

Sein erster eigener Fall – und der wird nun gleich zum Fall seines Lebens. Weil ihn das Schicksal dieses alten Mannes rührt. Und er die Sache persönlich nimmt. 13 Jahre lang wird der Kriminaloberkommissar den Mörder von Stanislaw Kamecki jagen, falsche Fährten verfolgen, in Sackgassen landen – und wieder von vorne anfangen. „Ich war wie so'n kleiner Terrier", sagt Henry Kolodziej an einem Märztag im Büro.

Er wird lernen müssen, damit zu leben, dass sein großer Sieg am Ende bitter schmeckte. Er freue sich jetzt auf die Rente. „Von der Gesellschaft bin ich enttäuscht", sagt Kolodziej, 59. Drei Jahre noch.

Noch einmal blättert der Kommissar durch die Akten, die ihn so oft in die Feierabende und Wochenenden begleitet haben. Sieben prall gefüllte Ordner, dazu etliche Hefter mit Notizen, Anmerkungen, Kopien. Sein halbes Berufsleben haben sie ihn begleitet, selbst als er im Haus die Mordkommissionen wechselte: von der ersten zur dritten, von der dritten zur Sondereinheit Altfälle. „Ich habe die Akte immer mitgenommen."

Es ist 4 Uhr, als bei der Berliner Polizei in jener Augustnacht ein Notruf eingeht. Ein Autofahrer hat den leblosen Körper eines Mannes in einer Ausfahrt entdeckt. Kopf und Schulter liegen in einer Blutlache, um ihn herum hat der Täter verstreut, was er in den Taschen des Toten fand. Ein paar Meter weiter finden die Beamten eine stark verbeulte Bierdose „Schultheiß-Pilsener", 0,5 Liter, noch etwa zu einem Viertel gefüllt.

Die Männer und Frauen der Kriminaltechnik, der KTI, fahren vor, fotografieren, nummerieren, sichern jeden Schnipsel, jede Kippe. Die Leiche wird mit Dutzenden Sicherungsfolien beklebt, um Fasern zu sichern. Als sie den Körper auf eine Trage legen, finden sie darunter einen rechten

Ohrhörer der Marke Sony, das Kabel durchtrennt.

Es ist schon hell, als die erste Mordkommission beginnt, vom Tatort auszuschwärmen. Die Müdigkeit hat Kolodziej längst vergessen. „Man ist unter Spannung. Getrieben von dem Wunsch, den Täter zu kriegen."

Eigentlich wollte der gebürtige Spandauer nach dem Abitur Medizin studieren. Als er merkte, dass das nichts ist für ihn, wechselt er 1993 auf die Fachhochschule für den gehobenen Dienst der Polizei. Mit Mitte 30 fängt er bei der erste Mordkommission an. Der Job wird für ihn zur „Herzangelegenheit", wie er sagt.

Es gibt Fälle, an die konnte er sich nie gewöhnen. Wollte er auch gar nicht. „Wenn Hilfsbedürftige, Kinder und Alte getötet werden, geht mir das jedes Mal nahe."

Fälle wie der von Stanislaw Kamecki. Dieser 80 Jahre alte Mann, 1,65 groß, 62 Kilo schwer, dem ein Kurztrip nach Berlin zum Verhängnis wurde. Dieser arme Kerl, sagt Kolodziej oft. „Er hat in der Stadt gerade mal zwei Stunden überlebt."

Dealer drücken sich um Häuserecken, als am nächsten Tag die Lautsprecherwagen durch die Schöneberger Straßen fahren. Freier suchen verschreckt das Weite, als die Ermittler an die Fensterscheiben ihrer Autos klopfen. Schutzpolizisten hängen Plakate in den Schaufenstern, an Bäumen und Laternenmasten auf: „Die Polizei bittet um Mithilfe: Wer kennt diesen Mann? Wer hat Stanislaw Kamecki am Dienstag zwischen 1.00 und 3.50 Uhr alleine oder in Begleitung gesehen?" Als sich niemand meldet, setzt der Polizeipräsident 5000 D-Mark Belohnung aus.

In den ersten Wochen ist das gesamte Team der Ersten „in Kommission", also auf der Jagd nach dem unbekannten Täter. Der Chef führt und koordiniert die Ermittlung. Als die Suche erfolglos bleibt, teilt der Chef den Fall Henry Kolodziej zu. Für die Erste muss es weitergehen: Die nächste Bereitschaft steht an, eine neue Leiche, ein neuer Fall.

Weil die KTI die Folien von der Leiche mit den Spuren aus Kameckis Wohnung abgleichen muss, ist Kommissar Kolodziej dabei, als die Polizei in Germersheim, Rheinland-Pfalz, die Wohnung des Opfers aufbricht. Bald wird der Ermittler mehr als jeder andere über das unglaubliche Leben des Stanislaw Kamecki wissen.

Kolodziej zieht die Fotomappe hervor: Ein schmuckloses Hochhaus. Die Eingangstür.

Der Ermittler. *Henry Kolodziej, Kriminaloberkommissar in der Abteilung für Cold Cases.*

Ein Wohnzimmer, spärlich möbliert, verwahrlost. Auf einer Kleiderstange hängen Sakkos und Hosen, Pappkartons, Tüten, Müllsäcke sind im Raum verteilt, worin die Ermittler „den ein oder anderen Tausender" finden. „Er war schon sehr eigen."

Kamecki, 1920 in Weißrussland geboren, war als junger Mann in die Fänge des NS-Unrechtsregimes geraten, hatte das Konzentrationslager aber mit knapper Not überlebt. Nach der Befreiung zog er nach Germersheim, wo er als Mechaniker in einer Werkstatt der amerikanischen Streitkräfte arbeitete.

Obwohl Kamecki ordentlich verdiente, lebte er übertrieben sparsam und sehr zurückgezogen, ernährte sich zeitweise von Abfällen, die er aus Mülleimern sammelte. So sparte der Eigenbrötler ein beträchtliches Vermögen an.

Bis er 1992, da war er 72 Jahre alt, beim Fensterputzen aus dem neunten Stock fiel – und sich nur leicht verletzte, weil die Äste eines Baumes seinen Sturz auffingen. Kamecki muss das als Zeichen verstanden haben, denn nach diesem Unglück fasste er neuen Lebensmut und begann, die Welt zu erkunden. Seine Reisen führten ihn nach New York, Frankreich, Holland, Sylt, auf den Wiener Opernball.

Kamecki tanzte jetzt, wann und wo er konnte. Dreimal in der Woche fand er sich beim Seniorentreff seiner Gemeinde ein, er fuhr mit dem Auto über die Dörfer, wenn die Nachbarschaft zum öffentlichen Tanz lud. Für einen Walzer musste er manchmal lange werben. Kolodziej sagt: „Er war bei den Damen nicht so beliebt, weil er nicht als sonderlich reinlich galt."

Der Tatort. *In der Nähe des Straßenstrichs finden sie die Leiche von Stanislaw Kamecki.*

Seine Reisen plante Kamecki immer kurzfristig, hatte dann hohe Bargeldbeträge dabei. Vor seinem Tod sollte es, wie sein Hausverwalter wusste, nach Kanada gehen. Er hatte 40 000 Mark abgehoben, sich am 31. Juli 2000 in seinen besten Anzug geworfen und war in den Zug gestiegen, um in Berlin ein Visum zu beantragen.

Das Bargeld verteilte er in mehrere Briefumschläge, die er in seinen Anzug steckte. In seiner blauen Umhängetasche fand die Polizei sein Postsparbuch (Guthaben 30 262,74 Mark) und sein Sparkassenbuch (Guthaben 57 400,87 Mark).

Die Ermittler wissen, dass Kamecki um 1.06 Uhr im Bahnhof Zoo ankam, von dort ein Taxi in die Kurfürstenstraße nahm. Da aber verliert sich erst mal seine Spur.

Am 11. September 2000 rückt die Polizei nachts zur Razzia mit mehr als 100 Beamten aus. Sie notieren die Namen von rund 80 Dealern, Prostituierten, Zuhältern und Freiern, halten jede Uhrzeit und Beobachtung fest. In den Bordellen schauen die Ermittler Videoaufnahmen durch, ziehen mit dem Foto des Opfers durch die Bars. Die Ausbeute fällt mager aus.

Kolodziej zieht aus einem Ordner ein Blatt heraus, um es über die halbe Länge seines Schreibtischs zu entfalten: ein Zeitstrahl, die Rekonstruktion der Nacht. Mit Orts- und Zeitangaben. Auf die Minute und Straßenecke genau.

Sie finden eine Zeugin. Um 1.30 Uhr geriet Kamecki demnach an eine Gelegenheitsprostituierte, die, so formuliert es später das Gericht, „als Dienstleistung lediglich Handverkehr anbot". Kamecki wollte mehr, zeigte seine prall gefüllte Brieftasche. Er bot erst 200, dann 300 Mark und zog, als die Zeugin ablehnte, weiter zu den Frauen auf der anderen Straßenseite.

Bis heute ist ungeklärt, wie Kamecki die Zeit bis zu seinem Tod verbrachte. „Die letzten zwei Stunden bleiben im Nebel", sagt Kolodziej. Als man den Toten fand, hatte Kamecki sein Oberhemd linksherum an. Kann Schusseligkeit gewesen sein, sagt Kolodziej. „Wahrscheinlicher ist, dass er doch noch mit einer Dame ins Geschäft kam." Zeugen oder Beweise finden sie für ihre Theorie nie.

Und dann tauchte Theresa Storm* auf. Auch sie war bei der Razzia befragt worden. Eine Alkoholikerin, die auf den Fotos deutlich älter aussieht, als sie mit 32 Jahren ist. Ein Gesicht, gezeichnet von der Sucht, vom Haschisch- und Kokainmissbrauch. „Sie ging immer auf den Strich, wenn ihr das Geld ausging."

Bei der Razzia gibt sie zu Protokoll, dass sie in der Nacht an der Kurfürstenstraße anschaffen gewesen sei, ihr aber nichts Ungewöhnliches aufgefallen sei. Ein paar Tage später meldet sich Theresa Storm

beim Bundesgrenzschutz am Bahnhof Zoo, um eine Anzeige wegen Körperverletzung aufzugeben. Sie flirtet mit dem Beamten, will sich kooperativ zeigen, vielleicht interessant machen, als sie sagt: „Ich könnte auch was zum Mord in der Kurfürstenstraße sagen ..."

Der BGS informiert die Mordkommission. In der Keithstraße berichtet Storm von zwei Männern, die sie mit Kamecki beobachtet habe. Einer war der Mischa, ein Osteuropäer, der trage ein Schlangentattoo. „Die hat die dollsten Dinger erzählt", sagt Kolodziej. „Nie vorher und nie nachher hat mich jemand so oft auf falsche Fährten geführt."

Ein paar Vernehmungen und eine öffentliche Fahndung später sei aus dem Osteuropäer ein Michael geworden, aus Hamburg. Und aus dem Schlangentattoo ein Spinnennetz. Und so ging es immer weiter.

Es war schon eine Art Ritual, sagt Kolodziej. Wenn er seine einzige Zeugin, die Kamecki noch nach 1.30 Uhr gesehen haben will, mal wieder zu Hause für eine Vernehmung abholen musste, weil neue Widersprüche aufgetaucht waren.

Er klingelt. Wartet. Klopft. Wartet. Irgendwann steht Theresa Storm verschlafen in der Tür.

„Guten Morgen, erste Mordkommission, wir haben noch ein paar Fragen."

Die Frau verdreht die Augen, stöhnt.

„Sie kennen das ja schon, ziehen Sie sich was an, dann fahren wir los."

„Gibt's wenigstens ein Bierchen?"

Die Akten. *Sieben prall gefüllte Ordner, dazu etliche Hefter mit Notizen. Der Fall ließ Kommissar Henry Kolodziej nie los.*

„Nein, gibt kein Bierchen. Los jetzt."

In seiner Ratlosigkeit lässt Kolodziej die Zeugin von einer Polizeipsychologin untersuchen. Auch sie kann nicht beurteilen, ob diese „selbstunsichere, apathische BTM-Konsumentin" Kamecki jemals gesehen hat. Wenige Monate später trinkt sich Theresa Storm zu Tode.

Die Bierdose, der Kopfhörer, die Folien von Kameckis Anzug – nichts davon bringt Kolodziej weiter. Das Labor braucht damals noch Sekretspuren, also Speichel- oder Bluttropfen, um eine DNA-Analyse zu erstellen. In weiser Voraussicht auf die Möglichkeiten der Zukunft wird alles gesichert und sorgfältig asserviert.

Der Fall gerät ins Stocken. Wie ein stiller Vorwurf steht die Akte in Kolodziejs Regal. „Das hat mich genervt", sagt Kolodziej.

Immer wenn er Zeit findet, zieht er seine Notizen mit den offenen Fragen heraus. Er trägt die Akten in den dritten Stock zu den Profilern der Operativen Fallanalyse. Sie finden nichts, was Kolodziej nicht selbst schon wüsste.

Dafür kommt die Wissenschaft mit der DNA-Analyse voran, sogar gewaltig: Im Jahr 2009 genügen den Spezialisten im LKA für ein Profil bereits Kontakt- und Gebrauchsspuren, also Tragespuren an Kleidungsstücken, Griffspuren an Werkzeugen oder Waffen oder anderen Gegenständen. Im August klingelt in Kolodziejs Büro das Telefon: Sie haben einen Treffer.

Die DNA am Ohrhörer können die Forensiker einem Mann zuordnen, der gerade eine Gefängnisstrafe in der JVA Tegel absitzt: André Ahrberg, 1981 in Berlin geboren.

Endlich ein Gesicht, ein Name – aber: „Das hieß ja noch nix", sagt Kolodziej. „Wir mussten beweisen, dass der Kopfhörer mit der Tat in Zusammenhang steht."

Haben die Ermittler einen Verdacht, aber nicht genug Beweise für eine Anklageerhebung, sagen sie in der Keithstraße: Da muss noch Fleisch ran.

Kolodziej zieht los, um „viele kleine Indizien" zu sammeln, die seine Ermittlung „sattelfester" machen. Kolodziej spricht mit Menschen, die Ahrberg kennen. Befragt seine Opfer. Er schreibt der Berliner Stadtreinigung – und zieht zum Beweis das Antwortschreiben aus einem Ordner hervor: „Habe ich mir bestätigen lassen, dass die BSR am Tag des Mordes dort gereinigt hatte." Um auszuschließen, dass der Kopfhörer da bereits seit Tagen gelegen haben könnte.

Kolodziej besucht die Beamtin, die Ahrberg begleitet, seitdem die Polizei ihn in die Liste der jugendlichen Intensivtäter aufgenommen hatte. 20 Mal ist Ahrberg bereits verurteilt worden. Er hatte in 33 Lebensjahren mehr Zeit im Knast als draußen verbracht.

Kolodziej recherchiert Ahrbergs Kindheit: Verhaltensauffällig ist der Junge bereits in der dritten Klasse. Da hat sich das kleine dicke Kind, das bei der Großmutter aufwächst, schon zu einem frechen und distanzlosen Schüler entwickelt, von dem die Lehrer berichten, dass er sich in einen regelrechten Hass hineinsteigert, wenn er sich ungerecht behandelt fühlt. Mit 13 ist André Ahrberg stark übergewichtig, schwänzt die Schule, stiehlt Klamotten und Videospiele, wird mehrfach von der Polizei nach Hause gebracht. Nach Ausbrüchen übersteigerter Gewalt kommt er in die

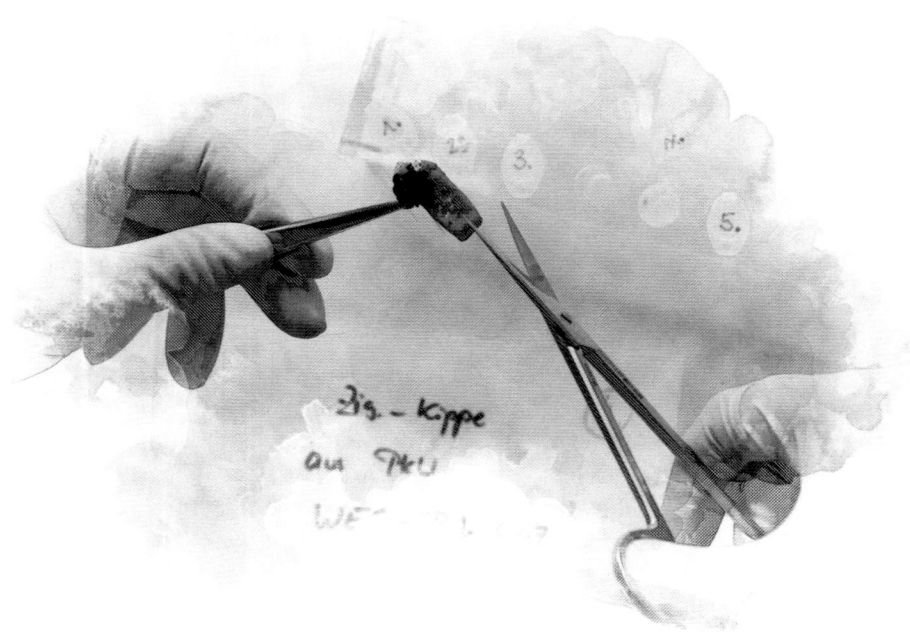

Die Spuren. Zum Tatzeitpunkt konnten die Kriminaltechniker die DNA nicht analysieren. Doch alles wurde aufgehoben.

Jugendpsychiatrie, danach ins Heim, wo er aber wieder rausfliegt, weil ihn niemand bändigen kann.

Ein Systemsprenger, der die Schule nach der achten Klasse verlässt, mit 13 Alkohol trinkt, mit 17 säuft, spätestens mit 20 alkoholabhängig ist. Seinen Tag startet er mit Weinbrand-Cola, Wodka oder Raki. Im Jahr 2000 wohnt Ahrberg in der Kurfürstenstraße über einem Bordell.

Im September 2000 beginnt eine Kette von Freiheitsstrafen wegen Eigentums- und Gewaltdelikten, fast alle unter der Einwirkung von Alkohol. Ahrberg wird wegen Vollrauschs verurteilt, danach wieder festgenommen, weil er in Supermärkten Apfelkorn stiehlt, Wodka und Hundefutter.

Wer durch die Urteile blättert, bekommt einen Eindruck von Ahrbergs extremer Gewaltbereitschaft. Mal heißt es, der Angeklagte „würgte" sein Opfer bis zur Bewusstlosigkeit, dann gab er ihm „mit voller Wucht einen Kopfstoß". Dann dass er eine „leere Likörflasche gegen den Hinterkopf", die „Faust gegen den Kopf", mit „einem Springerstiefel ins Gesicht", seine „Finger in die Augen drückte", ihm „in die Hoden trat".

Mit 30 ist aus Ahrberg ein angsteinflößender Koloss geworden. 2011 kann das Berliner Landgericht den Schrecken seines Opfers nachvollziehen „angesichts der körperlichen Erscheinung des 1,96 Meter großen und muskulösen Angeklagten, der, an Armen und auf der Brust tätowiert, am Oberkörper allein mit einer Camouflage-Weste bekleidet war und Springer-Stiefel trug".

Es ist der Suff, der diesen persönlichkeitsgestörten Mann in eine Art Naturkatastrophe verwandelt, die seine Opfer ohne jede Vorwarnung niederwalzt. Kolodziej sagt: „Sie haben ihn aber immer wieder rausgelassen – bis irgendwann der alte Herr tot am Boden lag."

Kolodziej durchleuchtet „jede einzelne Straftat", sucht nach Parallelen und Zeugen. Es gibt für ihn keinen Grund zur Eile. „Ich wusste ja, der sitzt warm und sicher." Bis zum 24. September 2013 hatte Ahrberg seine jüngste Strafe abzusitzen.

Im Juni 2012 begegnet der Kommissar dem Verdächtigen das erste Mal persönlich, als er ihn zur Beschuldigtenvernehmung in die Keithstraße bringen lässt und mit dem Mord an Kamecki konfrontiert. „Ein riesiger Kerl, aber im Umgang friedlich", sagt Kolodziej. In Handfesseln habe Ahrberg auf seinem Stuhl gesessen, ihm eine erfundene Unschuldsgeschichte präsentiert und versucht, ihn glauben zu lassen, dass man einen Draht zueinander habe. „Der war ja so was von polizeierfahren."

Im August 2013 gelingt im Labor eine neue Interpretation der Mischspur auf der Bierdose, die am Tatort gefunden worden war. Während die Forensiker zuvor nur wussten, dass mehrere Personen die Dose angefasst hatten, können sie die DNA der Verursacher nun voneinander trennen. Wieder meldet das System einen Treffer in der Datenbank: Ahrberg, André.

Kolodziej erfährt, dass es Ahrberg dieses Mal kaum erwarten kann, entlassen zu werden. Der Häftling hat sich in eine deutlich ältere Krankenschwester verliebt, als er wegen seiner Trinksucht zwischenzeitlich im Maßregelvollzug untergebracht war. Die beiden sind frisch verlobt und erträumen sich nach Ahrbergs Entlassung eine gemeinsame Zukunft.

Vier Tage noch. Ahrberg hat die Freiheit schon fast vor Augen. Doch am 20. September 2013 hat Kolodziej genug Indizien und Beweise gesammelt für einen Haftbefehl. Am Tempelhofer Damm wird dem Häftling verkündet, dass er unter dem dringenden Tatverdacht steht, 13 Jahre zuvor Stanislaw Kamecki ermordet zu haben.

Der Schock sitzt. Als Ahrberg zurück in der JVA Tegel ist, wirkt er erregt und ratlos. Bei seinem Mithäftling Günther Mohnhaupt sucht er Rat und Zuspruch – und offenbart dabei Täterwissen:

Er sei damals 17 und auf dem Heimweg gewesen, Kamecki habe ihn angesprochen und gefragt, wo es „Jungs für Sex" gebe. Das habe ihn geärgert und er sei handgreiflich geworden. Er habe den Alten im Ringergriff umfasst, hochgehoben und mit dem Kopf voran auf den Boden geworfen. Die 40 000 Mark, die ihm dabei aus der Tasche fielen, habe er mit „Sex, Drugs and Rock 'n' Roll" durchgebracht.

Der fehlende Ohrhörer seines Walkmans sei ihm erst zu Hause aufgefallen, hatte er gar nicht mit dem Vorfall in Verbindung gebracht.

Was Ahrberg nicht ahnt: Mohnhaupt, selbst wegen schwerer Gewaltdelikte im Knast, hat mit seinem kriminellen Leben abgeschlossen und entschließt sich, gegen den Ehrenkodex der Knastbrüder zu verstoßen. Weil er Ahrberg für fähig hält, weitere Menschen zu töten, verpfeift er seinen Kumpel bei der Gefängnisleitung. „Er war wirklich angewidert von dieser Tat."

Am 7. Januar 2014 beginnt am Berliner Landgericht der Prozess gegen Andre Ahrberg. Vor der Jugendkammer, weil er zur Tatzeit 19 war. Ahrberg bestreitet alles. Der Gerichtsmediziner benötigt fast fünf Minuten, um alle Verletzungen aufzuzählen, die der Angeklagte dem alten Mann zugefügt hat: „Das Verletzungsbild und die eingesetzte Kraft, die der Angeklagte walten ließ, sind sonst nur bei Opfern von Verkehrsunfällen oder Stürzen aus großer Höhe feststellbar."

Dem Staatsanwalt, der eine Haftstrafe wegen Mordes fordert, folgen die Richter nicht. Es sei nicht erwiesen, dass es dem Angeklagten damals auf Kameckis Geld ankam. Es könne nicht ausgeschlossen werden, dass der junge Mann spontan handelte, sturzbetrunken, und damit vermindert schuldfähig war.

Viele Zweifel für den Angeklagten: Das Berliner Landgericht verurteilt Ahrberg zu fünf Jahren Jugendstrafe wegen Totschlags. Es ist der Tag, an dem Kolodziejs Genugtuung, nach so vielen Jahren den Täter doch noch überführt zu haben, plötzlich bitter schmeckt. „Es werden immer Entschuldigungsgründe für den Täter gesucht", sagt der Kommissar. Mit den entsprechenden Anwälten kämen „zu viele Straftäter zu billig" davon.

Ahrberg hat er 2019, als der seine Strafe abgesessen hatte, noch einmal im Gefängnis besucht, zur sogenannten Gefährderansprache. Um ihm zu versichern, dass die Polizei ihn im Blick behalte und wiederkomme, sobald dem Mithäftling, der ihn verraten hatte, etwas zustoßen sollte. Ein paar Tage später haben sie ihn entlassen.

*Namen von Zeugen und Täter sind geändert

Geduld und Sühne

Fast 300 Morde in Berlin sind bis heute nicht aufgeklärt. Doch eine Sondereinheit bleibt an den Altfällen dran

Auch er war dabei, als Kriminalbeamte in der Nacht, nachdem Stanislaw Kamecki gestorben war, die Kurfürstenstraße entlanggingen und mit einem energischen „Hallo, Polizei!" an Autoscheiben klopften und mit ihren Taschenlampen in die aufgeschreckten Gesichter von Freiern und Prostituierten leuchteten.

Damals gehörte Hauke Schmidt noch zur erste Mordkommission. Heute ist er Stellvertreter der Sondereinheit Altfälle, der neunten Mordkommission gewissermaßen. Allerdings eine, in der es etwas ruhiger zugeht. Ohne Bereitschaftsdienste und den ständigen Wettkampf gegen die Zeit. „Ich bin hier schon ein Urgestein", sagt Schmidt.

Die Berliner waren deutschlandweit die Ersten, die Ende der 80er einen Sexualverbrecher mit einer DNA-Analyse überführten. Die Fortschritte eröffneten neue Möglichkeiten, um offene Fälle doch noch klären zu können.

Wo einst Blut und Sperma zum genetischen Fingerabdruck eines Täters führten, reichen heute dank der neuesten Untersuchungsmethoden der Forensischen Molekulargenetik schon eine Haarwurzel, eine Hautschuppe oder ein Schweißabdruck. „Wir können aus immer weniger immer mehr rausholen", sagt Schmidt.

Auch kleinste Spuren vom Tatort können auf DNA ausgewertet werden.

In den vergangenen Jahren gelang es den Ermittlern und Ermittlerinnen im Morddezernat rund 20 Altfälle aufzuklären. „Ein paar Joker haben wir noch in der Hinterhand", sagt Schmidt: 15 DNA-Profile mutmaßlicher Mörder, die noch keiner Person zugeordnet werden konnten. Die Profile dürfen nur von rechtskräftig verurteilten Straftätern gespeichert werden.

Vor 15 Jahren hat der Kriminalhauptkommissar die Sondereinheit Cold Case (SE) mitbegründet. Sechs Mordermittler und eine einstige Handschriftenexpertin aus der Kriminaltechnik gehören heute zum Team. Der damalige LKA-Leiter habe mit der SE eine Einheit schaffen wollen, die sich systematisch und „ohne Bereitschaftsdruck" die ungelösten Fälle vornimmt, um daran „kontinuierlich zu arbeiten".

Eine staubige Angelegenheit, da Schmidt und Kollegen zunächst in die Keller steigen mussten, um die Akten und Dateikarten seit den 70er Jahren auszuwerten. Das Ergebnis: 290 Mordfälle gelten in Berlin als ungeklärt.

Eine feste Regel, wann die SE einen Fall übernimmt, gibt es nicht. Der Altfall bleibe beim zuständigen Kommissar,

Der Cold-Case-Experte. *Hauke Schmidt ist Vize-Chef der Sondereinheit Altfälle.*

solange noch etwas in Bewegung ist, sich neue Anhaltspunkte ergeben. Der Fall der verschwundenen Schülerin Jessica Kopsch beispielsweise ist auch nach Jahrzehnten noch bei Jan Merkel von der Ersten. Kriminalhauptkommissar Thomas Ruf hat in der Sechsten den Mord an der 14-jährigen Georgine Krüger erst 13 Jahre später geklärt.

Ruht ein Fall sieben oder acht Jahre, prüfen ihn die Sonderermittler. Sie holen alte Akten aus dem Keller, betrachten vergilbte Schwarz-Weiß-Fotos vom Tatort, lesen Vernehmungsprotokolle und Laboranalysen, um nach neuen Ansätzen zu suchen.

Gibt es DNA-Spuren, die von den Wissenschaftlern neu untersucht und bewertet werden könnten? Hat jemand jetzt vielleicht Lust zu reden, weil die Ehe geschieden, die Verlobung aufgelöst oder die Freundschaft zerbrochen ist?

Die meisten Akten, die die Kommissare lesen, verschwinden wieder im Keller , weil sich keine neuen Ermittlungsansätze ergeben haben.

„Man muss sehr genau gucken, wo man einsteigt", sagt Schmidt. Interessant sind in erster Linie solche Fälle, in denen der Täter noch leben und vielleicht sogar weitere Verbrechen begangen haben könnte.

Wichtig sei auch eine „rechtliche Würdigung", um zu prüfen, ob es die Chance gibt, nach so langer Zeit ein Mordmerkmal nachweisen zu können. Können die Ermittler dem Täter nur den Totschlag nachweisen, wäre dieser nach 20, in schweren Fällen nach 30 Jahren verjährt.

Das erlebte die SE beispielsweise vor Gericht, als es um den Mord an einer alten Dame im Jahr 1989 ging. Im Prozess war das Gericht von der Schuld des Angeklagten zwar überzeugt, konnte ihm aber keine Habgier, also eine Raubtat, zweifelsfrei nachweisen. Der Totschlag war gerade verjährt. Er verließ das Gericht als freier Mann.

Hat ein Fall alle Hürden genommen, gehen die Ermittler mit zwei Wissenschaftlern der Kriminaltechnik und einem Medizinisch-Technischen Assistenten aus dem Labor noch einmal die Akten durch, um anhand der Tatortfotos zu entscheiden, „wo es am ehesten wahrscheinlich ist, Spuren zu finden".

Asservate werden erneut untersucht, die in weiser Voraussicht aufgehoben worden sind: Kleidungsstücke von Opfern, Tatwerkzeuge, Zigarettenkippen, alles, was die Kollegen früher am Tatort oder Auffindeort der Leiche eingesammelt haben.

Weil Spurenuntersuchungen an alten Asservaten besonders aufwendig sind und die aktuellen Fälle bei der chronisch überlasteten Kriminaltechnik vorgehen, muss die SE oft „mehrere Monate auf ein Ergebnis" warten.

Neben den Altfällen kümmert sich die SE um die ärztlichen Kunstfehler mit Todesfolge sowie die Amts- und Rechtshilfeersuchen anderer Länder. Sie helfen Kollegen aus dem Bundesgebiet, wenn sie in Berlin Zeugen vernehmen oder Wohnungen durchsuchen wollen. Diese Aufgaben nehmen den größten Teil des Alltags ein.

An zwei bis drei Cold Cases arbeitet die SE in der Regel parallel, sagt Schmidt. „Aber eben nicht an so vielen, wie es möglich wäre."

Spurensicherung. Die Kriminaltechnik sichert alle Spuren. Auch wenn die DNA-Analyse damals noch nicht genau genug ist.

Der Verrat

In einer Neuköllner Tiefgarage wird der 20-jährige Vadim Freinkman überfallen und verschleppt. Seine Mutter zählt in Russland zur intellektuellen Prominenz, gilt als Duz-Freundin Wladimir Putins. Die Entführer fordern ein hohes Lösegeld – doch reich ist die Familie nicht. Wer sind die Erpresser? Die Spur führt zur Familie des besten Freundes des Opfers

Es ist 11 Uhr, ein Freitagvormittag, als der erste Erpresseranruf Prof. Dr. Nelli Chrustaleva erreicht. Ein Russe, fremde Stimme. Chrustaleva ist gerade in der Nähe von St. Petersburg, wo sie mit ihrem Ehemann, dem Vizepräsidenten der Universität, ihre Mutter besucht. Es ist der 18. August 2006. „Nelli, dein Sohn ist in einem anderen Land. Such ihn nicht und zappele nicht herum, denn das hat keinen Sinn. Bereite bis Sonntag 500 000 Euro vor. Schalte keine Polizei ein, andernfalls erhältst du anstelle deines Sohnes ein Paket."

ST. PETERSBURG

In Russland gehört Nelli Chrustaleva zur intellektuellen Prominenz, sie ist eine angesehene Psychologin, die 2001 in den Lenkungsausschuss des „Petersburger Dialogs" gerufen wird. Kanzler Gerhard Schröder und Präsident Wladimir Putin hatten ihn gegründet, um die Verständigung zwischen Deutschland und Russland zu fördern. Es heißt, sie sei eine Duz-Freundin Putins.

Chrustaleva praktiziert in St. Petersburg und Berlin, wo sie seit 15 Jahren in einer Mietwohnung in der Neuköllner Hermannstraße wohnt. Die Tochter ist aus dem Haus, der Sohn auf dem Sprung. Ihre Kinder wissen, dass sie plant, ihnen als Zukunftsanlage zwei Eigentumswohnungen im Wert von jeweils mehreren Hunderttausend Euro zu kaufen.

Ihr Sohn Vadim ist 20. Er hat am Wegscheider-Gymnasium in Grunewald Abitur gemacht und wartet auf einen Studienplatz für Maschinenbau. Sein Großvater war in Russland ein angesehener Ingenieur, sein Vater ist vor einigen Jahren gestorben.

Chrustaleva ruft das Handy ihres Sohnes an, Freunde und Bekannte in Berlin. Weil niemand Vadim erreichen kann, entschließt sich Chrustaleva, den Anruf ernst zu nehmen, sich aber den Entführern zu widersetzen: Sie informiert die Behörden in Moskau und Berlin.

Noch am selben Tag versuchen Nelli Chrustaleva und ihr Ehemann, Bargeld aufzutreiben. Chrustaleva hat nicht mal ein Zehntel der geforderten Summe verfügbar, telefoniert ununterbrochen, beschwört sich selbst: 500 000 Euro, das ist zu schaffen.

BERLIN-NEUKÖLLN, HERMANNSTRASSE
Als der Entführer seine Mutter anruft, sitzt Vadim Freinkman auf einem fremden Bett und versucht sich zu orientieren. Eine Wohnung unterm Dach, er ist mit den Händen an den Heizungskörper gefesselt, seine Augen sind mit einem großen Pflasterverband verklebt. Wenn er den Kopf in den Nacken legt, kann er durch die Lücken erkennen, wie die beiden Männer, die ihn nachts in der Tiefgarage der Hermannstraße überwältigt haben, durchs Wohnzimmer laufen. Er hat Todesangst.

Es war 2.30 Uhr, als Freinkman mit seinem grünen Passat rückwärts auf seinen Parkplatz rangierte. Er kam vom Potsdamer Platz, wo er mit einem Freund im Kino war, Spätvorstellung „Superman". 23 Uhr, 150 Minuten, dazu Werbung, sie haben sich danach nur kurz verabschiedet.

Vadims Freunde beschreiben ihn als zurückhaltend, 1,90 Meter groß, Brille. Mehr an Naturwissenschaften als an Sport interessiert. Als sein Auto zum Stehen kommt, öffnet ein Mann die Beifahrertür, zieht eine Schusswaffe und befiehlt Freinkman, auf den Rücksitz zu klettern. Dann ruft er einen Komplizen herbei.

Diese markanten Augen, wird Freinkman später bei der Polizei sagen. Die habe er sofort erkannt. Erst ein paar Tage war es her, da hatte dieser Mann an seiner Wohnungstür geklingelt. Der Fremde trug einen schwarzen Anzug, hatte eine Geschenktüte dabei und einen Blumenstrauß. „Wo ist Lusja?", fragte er. Als seine Mutter aus der Küche kam, um nachzusehen, wer da seinen Fuß in die Wohnungstür gestellt hatte, drehte sich der Mann um und verließ das Haus. Vadim und Nelli hatten sich über diesen Vorfall noch Tage später amüsiert. „Wo ist Lusja?"

Nun sitzt dieser Fremde am Steuer seines Autos, während sein Komplize Freinkman die Augen verbindet. Freinkman merkt, dass die Entführer die Strecke seines Schulwegs nehmen, erkennt die A100, die Unebenheiten des Belags in Schöneberg. Sie fahren von der Autobahn ab und wieder auf, das geht doch im Kreis, denkt Freinkman. Er glaubt sich in der Nähe des Flughafens Tempelhof, als er in einem Altbau ins Hinterhaus geführt wird, linker Seitenflügel. 13 Tage wird Vadim Freinkman als Geisel in einer Neuköllner Ein-

Der Ermittler. *Andreas Voges berät sich mit geschulten Verhandlern und Experten für Organisierte Kriminalität. Nächtelang bleibt kaum Zeit für Schlaf.*

Ein Mittwochmorgen im März 2021. Andreas Voges sitzt im Korbstuhl des Vernehmungszimmers. 55 Jahre alt, Jeans, Boots, gestutzter Bart. Er ist einer der wenigen, die in der Keithstraße sagen: „Ich wollte gar nicht zur Mordkommission." Als junger Kommissar hatte er beim Rauschgift angefangen, mochte die Dynamik, Razzien, Durchsuchungen, „ich fand das cool". Aber 1994 habe der Inspektionsleiter, der gerade auf Talentsuche fürs Morddezernat war, mit seinem Chef nach Feierabend Fußball gespielt, eines kam zum anderen und danach wollte Voges nie wieder weg.

„Man bekommt in diesem Beruf die Möglichkeit, in soziale Bereiche reinzugucken, zu denen man sonst keinen Zugang hätte", sagt Voges.

BERLIN-TEMPELHOF

Die politische Dimension, die persönliche Nähe zu Putin, verleiht Freinkmans Entführung zusätzliche Brisanz. Wenige Stunden nach Chrustalevas Notruf übernimmt im Landeskriminalamt der „Führungsstab Schwerstkriminalität" den Fall. Am Tempelhofer Damm richtet die Polizei eine Einsatzzentrale ein, in die diverse Abteilungen und Dienstgruppen einen oder zwei Vertreter entsenden: speziell geschulte Verhandler, LKA-Experten für russische Organisierte Kriminalität, das Sondereinsatzkommando SEK, das Mobile Einsatzkommando MEK, Berater, Dolmetscher, Logistik, Öffentlichkeitsarbeit. Mit am Tisch sitzen drei russische Ermittler, die, wie Voges sagt, sich aber „nicht einmischen, sondern hauptsächlich gucken".

Zimmer-Wohnung gehalten. Die Angst, das Gefühl, die Kontrolle komplett verloren zu haben, verändern ihn. „Man betrachtet die Welt jetzt mit anderen Augen", sagt er zwei Jahre später im Berliner Landgericht. „Ich habe eine Vorsicht entwickelt."

BERLIN-SCHÖNEBERG

Der Fall Freinkman wird als bislang letzte große Entführung in die Berliner Kriminalitätsgeschichte eingehen. Es wird der Fall von Andreas Voges, heute Erster Kriminalhauptkommissar und Chef der vierten Mordkommission. Als Voges von der Entführung erfährt, die juristisch korrekt ein erpresserischer Menschenraub war, ist er im Urlaub an der Ostsee, ahnt: „Wenn ich zurückkomme, kann ich mich erst mal zu Hause abmelden."

Rund 200 Beamte setzt die Berliner Polizei in ihrer BAO, der besonderen Aufbauorganisation, ein. Das Konzept gilt bundesweit und ist eine Folge des Gladbecker Geiseldramas. Drei Menschen starben bei dem

Einsatz im Sommer 1988. Ein Bankraub und eine anschließende Geiselnahme, die im Chaos und nach 54 Stunden auf der Autobahn bei Bad Honnef blutig endete. Die Polizei zog ihre Lehren aus dem missglückten Einsatz. Ein historischer Wendepunkt, sagt Voges. „Danach änderte sich alles."

Das Berliner Morddezernat ist dem „Einsatzabschnitt Ermittlungen" zugeordnet. Weil Voges' Mordkommission gerade Rufbereitschaft hat, wird der Fall Freinkman ihr Fall. In der Phase, in der rund um die Uhr gefahndet wird, arbeiten die sonst autark arbeitenden Mordkommissare oft auf Weisung aus der Zentrale. Das ändert sich, sobald die Geisel, lebend oder tot, gefunden wird.

ST. PETERSBURG – BERLIN

Am vierten Tag der Entführung, Montag, 21. August 2006, klingelt Chrustalevas Handy in St. Petersburg. Der Anrufer fragt sie auf Russisch, ob sie „Lust auf eine Leiche" habe, weil sie „nach Bullen stinke". Er erhöht, weil sie die Polizei benachrichtigt habe, seine Lösegeldforderung auf eine Million Euro. „Dieser Betrag war für mich außer Reichweite", sagt Freinkmans Mutter im Prozess. Sie telefoniert weiter, es gelingt ihr, sich bei Freunden, Verwandten und Bekannten mühsam 670 000 Euro zusammenzuleihen.

Am siebten Tag der Entführung, dem 24. August, erhält Chrustaleva eine Kurznachricht: „Friedenau, Kreuzung Nauheimer Straße, Johannisburger Straße. Dort unter Container liegt ein Paket für dich." In dem Glauben, dass die Geiselnehmer ihren

Medien. Die Wohnung der Familie in Neukölln wird von Kamerateams belagert.

Das Auto. *Im eigenen grünen Passat wird das Opfer verschleppt. Die Geiselnehmer stellen den Wagen in Neukölln ab. An der Scheibe: ein Fingerabdruck.*

Sohn ermordet haben, fällt sie in Ohnmacht.

Die Ermittler geben die Hoffnung nicht auf. „Erwachsene haben bei Entführungen sehr gute Überlebenschancen", sagt Voges. Viel gefährlicher sei es, wenn Kinder entführt würden, weil sich die Täter oft nicht ausmalen, wie schwierig es sei, sie ruhig und folgsam zu halten. Die Erfahrung zeige, dass kindliche Opfer sehr schnell „nach der Bemächtigung" getötet werden. Überstehen sie diese kritische Phase, steigen die Überlebenschancen.

Am Nachmittag finden Beamte unter dem Container eine Nachricht in russischer Sprache, die vom Dolmetscher mehr als eine wörtliche Übersetzung verlangt: „Psychologe, lies aufmerksam!", heißt es darin. Es folgen Anweisungen für die Größe der Geldscheine, die Tüten und Taschen, in denen sie verwahrt werden sollen. „Die Lave (russ. Jargon für Knete etc.; Anmerkung des Übersetzers) in der Tasche ohne Markierungen, ohne Fuflo (russ. Jargon für Betrug, Beschiss; Anmerkung des Übersetzers), ohne Leuchttürme (russ. Jargon für Alarmsignal; Anmerkung des

Übersetzers)." Ein Relikt der Sowjetunion, sagt Voges, wo sich die Gaunersprache länger gehalten habe als in Deutschland. Es gehöre zu den Zeichen, mit denen ältere Kriminelle damals ihre Zugehörigkeit zur russischen OK demonstrierten, neben besonderen Tätowierungen oder Schmuck.

Die Sprache lässt also erste Rückschlüsse auf Herkunft und Alter der Täter zu.

BERLIN-NEUKÖLLN
Seine Entführer nennt Vadim Freinkman später im Berliner Landgericht nur: die Personen. „Das ist wohl meine Art, Distanz zu halten." Meist wird er von dem Komplizen aus dem Parkhaus bewacht, der sich selbst Kolja nennt. Ein Technik-Freak mit einer freundlichen, hellen Stimme, der sich die Zeit mit Videospielen vertreibt oder in russischsprachigen Motorradzeitschriften blättert. Ein Typ um die 30, schätzt Freinkman. Halbglatze, extremer Bartwuchs, behaarter Oberkörper. Meist trägt Kolja ein Basecap, oft Militärkleidung, durch die sich, wenn er neben ihm fernsieht, ein leichter Bauchansatz drückt. Einmal befriedigt er sich selbst.

Freinkman bekommt genug zu essen, zu trinken, darf sich nach dem ersten Tag mit gefesselten Händen frei in der Wohnung bewegen. Vorm Fenster erkennt er in einem unbewachten Moment einen Innenhof, Bäume, gegenüber Fenster mit rot gestrichenen Rahmen, ein Abflussrohr. Zwei weitere Männer tauchen in der Wohnung auf, einer trägt braune Schuhe mit knallgelben Schnürsenkeln. Freinkman prägt sich jedes Detail und die Gesichter ein. Er fragt sich immer wieder: „Warum ich? Wir sind keine reichen Leute."

BERLIN-TEMPELHOF

Als die Geiselnehmer erneut Kontakt aufnehmen, fordern die Verhandler aus der Einsatzzentrale ein Lebenszeichen. Dem in Gaunersprache verfassten Schreiben legen die Geiselnehmer ein Foto von Vadim Freinkman bei, mit verbundenen Augen und einer aktuellen französischen Tageszeitung in der Hand. Chrustaleva kehrt zurück nach Berlin. In ihrer Wohnung muss sie lernen, mit der Anwesenheit der Polizei zu leben. Zwei Ermittler warten mit ihr rund um die Uhr auf neue Nachrichten. Als die Entführer am zwölften Tag ein weiteres Foto schicken, folgt die Mutter den Anwei-

sungen der Entführer und schaltet in der „B.Z." unter der Rubrik „A-Z, Transporte" eine Anzeige: „017233342227 Volvo grau, B-DC 2391 Nelli und Mann." Die Anzeige gilt als Zeichen, dass die Familie zur Übergabe des Bargeldes bereit ist. Zwölf Stunden danach, so versprechen es die Kidnapper, soll Vadim Freinkman frei sein.

Um 19.30 Uhr wird Nelli Chrustaleva per Kurzmitteilung auf dem Handy zu einem Hotel in Falkensee, dann weiter nach Pausin in Brandenburg gelotst. Ein Beamter begleitet die Mutter der Geisel. Um Vadims Leben zu schützen, verzichtet die Polizei auf den Versuch, den Kidnappern eine Falle zu stellen. Am Wansdorfer Weg stellt Chrustaleva die Sporttasche mit 670 000 Euro ab.

In der Einsatzzentrale steigt die Nervosität, als es auch nach zwölf Stunden kein Lebenszeichen der Geisel gibt. Nelli Chrustaleva fürchtet, ihren Sohn nicht mehr lebend wiederzusehen. Es ist Mittwoch, der 30. August, als um 22 Uhr in der Notrufzentrale ein Anruf vom Handy eines Taxifahrers eingeht. Am Apparat ist Vadim Freinkman: Ja, es gehe ihm so weit gut, er stehe im Rudower Glockenblumenweg.

Freinkmans Wohnung wird von Fotografen und Kamerateams belagert. Er wird mit seiner Familie in einer Polizeischule untergebracht.

BERLIN-SCHÖNEBERG

Das Lösegeld ist übergeben, die Geisel lebt: Die Ermittlungsführung geht auf die Mordkommission über. Alle anderen aus dem Führungsstab seien dann oft schneller wieder weg, als man gucken könne, sagt Andreas Voges. Freinkman steht unter Schock, ist erschöpft, doch die Ermittler dürfen ihm keine Pause gönnen.

Fünf Mal befragt der Vernehmer den jungen Mann stundenlang. Geht mit ihm die Tage, Stunden, jedes scheinbar noch so unbedeutende Detail durch. Mit jeder Vernehmung steigt für die Ermittler ein Risiko. „Die Aussagen verwässern zunehmend." Nicht nur, dass mit jedem neuen Tag die Erinnerungen der Zeugen verblassen, sie fügen auch anderes unbewusst hinzu durch Dinge, die sie in der Zwischenzeit hören oder lesen. Das kann zu Widersprüchen führen und Angriffsflächen für die Verteidigung bieten.

Freinkman macht seine Sache gut. Ein ruhiger, glaubwürdiger Zeuge, der exakt beschreibt – bis hin zu dem Umstand, dass ein Supermarkt in der Nähe gewesen sein muss, da die Geiselnehmer immer schnell vom Einkauf zurück waren.

BERLIN-NEUKÖLLN
Die Polizei fliegt die Gegend mit einem Hubschrauber ab. Die Schutzpolizei sucht Straßenzüge ab, geht ins richtige Haus, doch den Beamten fallen im Innenhof

weder die rot lackierten Fenster noch das Abzugsrohr auf. Einem Kollegen vom MEK habe das keine Ruhe gelassen, sagt Voges. „Er zog immer wieder alleine los." Am 27. September steht er in der Sonnenallee endlich im richtigen Hinterhof.

Die Ermittler rücken aus zur „Umfeldermittlung", fragen sich von Nachbar zu Nachbar, kommen den Tätern mühsam, aber unerbittlich näher. Die Vorahnung des Kommissars, dass seine Familie wochenlang auf ihn verzichten muss, erweist sich als wahr: Voges kommt nur zum Schlafen und Duschen nach Hause, „fürs Waschen blieb keine Zeit, irgendwann bin ich ins Kaufhaus um die Ecke gegangen, um mir neue Unterwäsche zu kaufen".

Sie wissen nun, dass eine Russin in der Sonnenallee ihre Einzimmerwohnung für 250 Euro an einen Bekannten ihrer Tochter untervermietet hatte. Sie selbst wohnte bei ihrer Tochter, einer Studentin, in der unweit entfernten Sanderstraße. Dort im Hinterhaus waren ein „Siarhei", der ein

Zimmer gemietet hatte, sein Freund „Igor" und andere Russen ein- und ausgegangen. Die Wohnung im Hinterhaus gehört einer lettischen Prostituierten, die den Männern die Räume zum Feiern und Schlafen überließ, wenn sie auf Reisen war. Bei einem Einsatz wegen Ruhestörung hatten Polizisten Anfang August die Personalien von vier der Feiernden überprüft.

Die Mordkommission konfisziert beide Wohnungen, die Kriminaltechnik sichert Spuren. Einen Fingerabdruck finden die Ermittler an der Scheibe von Freinkmans Auto, das die Geiselnehmer vor ihrer Flucht in der Boppstraße abstellten.

BERLIN-TEMPELHOF

Die Ermittler bringen Freinkman im Landeskriminalamt mit einem Polizeizeichner zusammen, wohl wissend, dass Phantombilder zu einem ihrer unsichersten Fahndungsmittel zählen. Für ein gelungenes Phantombild braucht der Zeuge nicht nur ein gutes Gesichtergedächtnis, sondern muss die Erinnerung auch verbalisieren können, was wiederum vom Zeichner verstanden und umgesetzt werden muss. Oft liegen am Ende von drei Zeugen drei Phantombilder vor, die nicht die geringste Ähnlichkeit miteinander aufweisen.

Voges sagt, dass es bei der Berliner Polizei „sehr gute und geübte" Zeichner gebe, die noch freihändig anfertigen und ein Gespür dafür haben, wie verlässlich ein Zeuge wirkt. Überwiegen die Zweifel, „geben wir die Zeichnungen gar nicht raus".

Freinkman erinnert sich gut. Das Phantombild, das er von seinem Bewacher Kolja anfertigen lässt, ähnelt einem Foto von Igor, das die Studentin aus der Sanderstraße von ihrem Bekannten schoss. Dem Mann, dessen Personalien die Polizei

wegen Ruhestörung überprüft hatte. In einer Datei mit 1500 Lichtbildern gelingt es Freinkman, beide Geiselnehmer zu identifizieren: die Weißrussen Igor M. und Siarhei S., den Mann mit den markanten Augen. Er erkennt auch einen 25-Jährigen wieder, der später mit 700 Euro aus der Beute erwischt wird.

Als die Identität der beiden Geiselnehmer geklärt ist, gehen zwei internationale Haftbefehle raus und die Zielfahndung übernimmt Anfang November: eine autark arbeitende Gruppe aus zehn Ermittlern, die von der Mordkommission Akteneinsicht bekommt. Siarhei S. kommen sie auf die Spur, als sie seine Ehefrau überwachen und einen seiner besten Freunde.

BERLIN-SCHÖNEBERG

Den ersten Helfer nimmt die Mordkommission am 3. September fest. Mark S. fliegt in der JVA Heiligensee auf, als er nach dem Freigang versucht, ein Handy in die Anstalt zu schmuggeln, und die Justizangestellten bei dem 25-Jährigen Scheine aus der Beute finden. „Ein kleiner Fisch", sagt Voges, von dem sie Fingerabdrücke in der „Festhaltewohnung" gefunden hätten. Einen weiteren Helfer überführen die Ermittler, weil sie die Handys überwachen, die die Entführer benutzt hatten. Alle hatten ihre Telefone später weggeworfen. Waldemar P. ausgerechnet ins Gebüsch vor seiner Haustür. Der 41-Jährige, ein Kraftfahrer aus Omsk, lebt mit seiner Familie seit elf Jahren in Deutschland. Er gesteht, die Entführer zur Lösegeldübergabe gefahren und dafür 200 Euro bekommen zu haben.

Allein zum Handy des Fahrers wertet Voges zwei Millionen Funkzellendaten aus. Viel Arbeit, die auf oft auf falsche Fährten führt: Ein Unbeteiligter hatte eine Sim-Karte auf dem Flohmarkt gekauft.

Zwei andere hatten das Handy im Gebüsch gefunden. Immerhin: Auf einer der Sim-Karten finden Techniker DNA des einen Entführers.

BARCELONA

Die Verbindungsdaten von Siarhei S. führen nach Spanien. Ein Berliner Zielfahnder fliegt nach Barcelona, um dabei zu sein, als die spanische Polizei den mutmaßlichen Drahtzieher am 17. April 2006 festnimmt. Der 37-Jährige ist Masseur, verdient sein Geld nach eigenen Angaben mit „Autohandel und dem Verkauf teurer Uhren", wofür er oft ins Ausland, vor allem nach Deutschland, reist.

Der Mann seiner Ex-Frau ist der Bruder von Freinkmans bestem Freund. Seinem Kumpel hatte der 20-Jährige irgendwann erzählt, dass Freinkmans Mutter zwei Eigentumswohnungen kaufen wolle. „Mit der Entführung hatte Freinkmans Jugendfreund nichts zu tun", sagt Voges. Aber das Umfeld seines Bruders hatte aus der Geschichte wohl die falschen Schlüsse gezogen.

BELARUS/RUSSISCHE FÖDERATION

Nelli Chrustalevas Beziehungen waren der Aufmerksamkeit der russischen Ermittler nicht abträglich. Sie behalten Igor M. im Auge, der mit Frau und zwei Kindern in Kobrin, Weißrussland, lebt. Als der 39-jährige Mechaniker, Spediteur und Kraftfahrer am 20. Januar 2007 nach Russland einreist, wird er an der Grenze festgenommen.

BERLIN-MOABIT

Der Fall Freinkman wird vor dem Berliner Landgericht in vier Verfahren abgearbeitet: Im März 2007 wird der Fahrer Waldemar P. wegen Beihilfe zum erpresserischen Menschenraub zu 39 Monaten verurteilt. Eine direkte Tatbeteiligung ist jenem 25-Jährigen, der mit 700 Euro vom Lösegeld erwischt wurde, indes nicht nachzuweisen. Er muss wegen Geldwäsche und Hehlerei für ein Jahr ins Gefängnis. Obwohl der Prozess gegen Igor M. erst fünf Monate nach dem Prozess gegen Siarhei S. beginnt, kommen beide Strafkammern Ende April 2008 zum selben Urteil: Die Angeklagten müssen wegen erpresserischen Menschenraubes für elf Jahre ins Gefängnis. Sie werden, nachdem sie zwei Drittel ihrer Strafe verbüßt haben, abgeschoben und unterliegen einem lebenslangen Verbot der Wiedereinreise.

Im Zeugenstand sagt Freinkman, nun 22 Jahre alt, dass es ihm seit der Entführung schwerfalle, Vertrauen zu Mitmenschen aufzubauen. Den Verdacht, dass es in seinem engsten Umkreis zum Verrat gekommen ist, scheint Vadim nur schwer zu verkraften. Er habe den Kontakt zu vielen Freunden abgebrochen, nachdem die Mordkommission intensiv in seinem Bekanntenkreis ermittelt hatte.

Nelli Chrustaleva macht die Angst, dass ihr Sohn die 13 Tage psychisch nicht verkraften könnte, selber krank: Ein Jahr lang muss sie Medikamente gegen Depressionen nehmen. Da das Lösegeld, abgesehen von ein paar Hundert Euro, nicht wieder auftaucht und sie nicht gegen Entführung versichert ist, trägt Chrustaleva noch immer Schulden bei ihren Freunden und Verwandten ab.

Der Würger von Schöneberg

Zwei alte Frauen sind tot, die Ermittler haben schnell den Verdacht, dass ein altbekannter Serienmörder zugeschlagen haben könnte. Doch Zeugen fehlen. Allerdings sind da noch zwei Topflappen – und ein Verdächtiger, dessen Verbrecherleben früh vorgezeichnet war

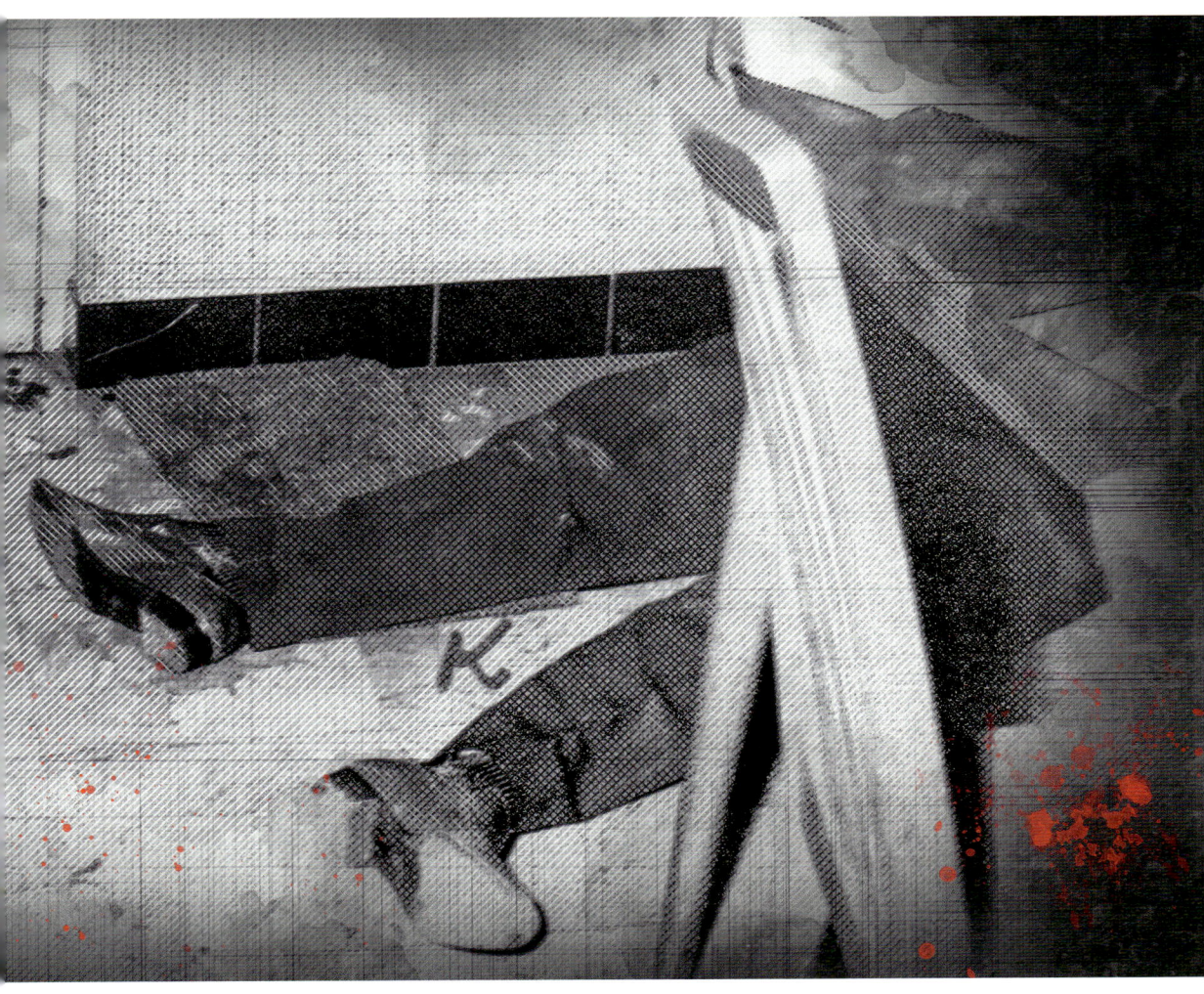

Es ist einer dieser Tage, Mordbereitschaft, Wochenende. Kriminalhauptkommissar Martin Niemann steht seit acht Uhr morgens mit den Gerichtsmedizinern am Tisch. Ein junger Mann hatte in Neukölln im Wahn seinen Vater getötet. Der Fall war praktisch gelöst, als sie am Tatort ankamen, aber die Obduktion wird ewig dauern. 101 Messerstiche, jeden einzelnen müssen die Forensiker vermessen, dokumentieren.

Am Vormittag bringen sie noch eine zweite Leiche, legen sie auf den kalten Stahltisch gleich daneben: eine Frau, 83 Jahre alt, ihr Leichnam leicht wie ein Kind. Gerade einmal 1,44 Meter groß, am Hals der Toten hängt ein Brustbeutel, in dem die alte Dame ihre BVG-Fahrausweise verwahrt hat.

Die Pathologen in ihren blauen Kitteln schauen kurz auf, verschieben den Fall auf später. Samstags steht nur ein Team zur Obduktion bereit. Am frühen Nachmittag wechselt Niemann dann gemeinsam mit den drei Gerichtsmedizinern, Staatsanwalt und Polizeifotograf den Tisch. Während der

Brustkorb der Toten geöffnet wird, lehnt sich Niemann gegen eines der Regale. Die einzige Art, mal die Beine im Sektionssaal entlasten zu können.

Die Befunde, die der Pathologe leise in sein Diktiergerät spricht, schreibt auch Niemann in Stichpunkten mit. Es sind die ersten Hinweise, wonach sie später suchen müssen. Es ist etwa 18 Uhr, als es der Ermittler zunächst nur mündlich, aber amtlich bekommt: Die Frau starb durch Fremdverschulden. Ein Unbekannter hat Hannelore Jahnke* mit ihrer schwarzen Strickjacke erdrosselt, ihr etliche Rippen gebrochen, während er auf ihr kniete. Die sechste Mordkommission hat einen neuen Fall.

Das Team sammelt sich noch am selben Abend in der Keithstraße. Die Sechste geht jetzt „in Kommission", das heißt, dass sie alle ihre Kräfte bündelt, um den Mörder von Hannelore Jahnke zu fassen. Die Rufbereitschaft wechselt auf die Siebte über. Es ist der Abend des 26. Juli 2008.

Noch haben sie nichts, was den Mörder überführt: keine Zeugen, keine Spuren, kein Geständnis. Nur der Modus Operandi, die Art der Tatbegehung, kommt ihnen aber gleich verdächtig vor. Eine alte Frau als Opfer. Erdrosselt. Die Wohnung nach Wertsachen durchsucht. Hat Thomas „Tommi" Schulz wieder zugeschlagen? Der Dreifachmörder, den die Kollegen von der dritten Mordkommission gerade festgenommen haben?

Die Kommissare sitzen an ihrem Besprechungstisch zusammen, als Bernhard Jaß, der Chef der Sechsten, warnt: Leute, jetzt nicht auf diesen einen Verdacht versteifen. Sich bloß nicht dem Vorwurf der Voreingenommenheit aussetzen. Noch sind alle

Am Abgrund. *Kriminalhauptkommissar Martin Niemann taucht tief in das Leben des Verdächtigen ein.*

Spuren frisch. „Wenn es doch ein anderer Täter war, wäre uns außerdem eine Woche Ermittlungsarbeit flöten gegangen", sagt Niemann.

Der Chef verteilt die Aufgaben für den nächsten Tag: Wer macht den Tatort? Wer hört sich in der Nachbarschaft um und rekonstruiert Jahnkes letzten Tag? Wer kümmert sich um die Angehörigen? Es muss ein Lautsprecherwagen durch das Viertel geschickt, ein öffentlicher Zeugenaufruf gestartet werden und jemand muss die Funkzellendaten der Tatortumgebung anfordern. Mehr kann die Sechste an diesem Abend nicht mehr tun. Ein paar Stunden Schlaf, duschen, morgen geht es weiter.

Niemann, seit 25 Jahren Mordermittler, nennt sich selbst einen „Allrounder, das Mädchen für alles". Er wird den Fall nach der heißen Phase als Sachbearbeiter leiten.

Ein gertenschlanker Typ, kurze Haare, Lesebrille, der an diesem Februarmorgen 2021 trägt, was Kommissare aus der Keithstraße im Winter fast alle tragen: Hoody, Jeans, dazu Boots.

Als die Sechste Schluss macht, geht es den Gang runter bei der Dritten richtig los. Es ist der Abend, an dem Kriminalhauptkommissarin Peggy Sponholz den ersten Serienmörder ihrer Karriere aus dem Zellenblock nach oben führt: Thomas „Tommi" Schulz, 44, ein muskulöser, dabei aber eher zart wirkender Mann, 65 Kilo schwer.

Schulz ist erst seit sechs Monaten wieder draußen. 22 Jahre hat er wegen dreifachen Mordes in der JVA Tegel gesessen. „Den Würger von Schöneberg" nennen ihn die Boulevardmedien, „Oma-Mörder". Sponholz weiß, dass da einer neben ihr steht, der schon als junger Kerl gelernt hat, mit der Polizei zu tanzen. Nun haben sie ihn wieder hier. Keithstraße 30, LKA 1, Delikte am Menschen.

Zielfahnder haben Schulz am Abend am Bahnhof Zoo gestellt, wo er seinen Liebhaber suchte, nicht ahnend, dass der verhaftet ist und ihn längst verraten hat. Die Ermittler wissen, dass die Männer zwei Wochen zuvor am Nollendorfplatz einer Frau im Halbdunkel des Treppenhauses aufgelauert haben. Dass Schulz sie von hinten in ihre Wohnung stieß, mit einem Elektrokabel erdrosselte.

Es ist so leicht, jemanden zu töten, sagt Sponholz. Aber schwer, ein Mörder zu sein.

Am Tatort hatten sie einen Fingerabdruck von Danny Lube, dem Lebensgefährten von Schulz, gesichert. Als die Polizei Lube, 32 und schwer alkoholkrank, festnimmt, scheint er von Bekenntnisdrang getrieben.

Er konnte die letzten Tage so viel trinken, wie er wollte, der Gedanke, ein Mörder zu sein, verfolgte ihn in den tiefsten Rausch.

Es klingt eher nach Beichte als nach Geständnis, als Lube den Kopf weinend auf die Schulter des Vernehmers legt. Er bekomme diese Bilder nicht mehr aus dem Kopf, gibt er zu Protokoll. Die blauen Lippen. Den gebrochenen Blick.

Am Ziel. *Peggy Sponholz wollte schon als Jugendliche in Halle zur Berliner Mordkommission.*

Als Sponholz mit Tommi Schulz kurz vor Mitternacht ins Vernehmungszimmer tritt, zuckt der zusammen, als habe die Kommissarin ihn geschlagen. Der Beschuldigte starrt auf den Stuhl, auf einen Plastik-Heftstreifen, mit dem eine Akte zusammengehalten ist, fleht: „Nehmen Sie das weg, bitte, das geht gar nicht! Ich kann Rot nicht ertragen!"

Und Sponholz? Ein feines Lächeln, halb abgeklärt, halb belustigt, liegt auf ihren

Lippen, als sie an einem klaren Februartag in der Keithstraße von jener Nacht erzählt. Das braune Haar zum Zopf gebunden, Jeans, Pullover, Schal. „Ich sagte: kein Problem, und räumte alles um." 25 Jahre ist sie damals alt – und angekommen, wo sie sich schon als Jugendliche aus Halle hinsehnte: bei der Mordkommission in Berlin.

Es ist mitten in der Nacht und still im Haus. Schulz weiß jetzt, dass Lube ihn verraten hat. Er wippt mit dem Oberkörper vor auf seinem Stuhl, er wippt zurück, weiß treten die Knöchel an seinen Händen hervor. In den nächsten Stunden sehen die beiden Vernehmer, wie Schulz sich ständig wandelt. Mal wirkt er tief verzweifelt, verstört und ratlos. Dann völlig teilnahmslos, er redet, ohne Luft zu holen, später schaut er auf, lächelt, abwartend, lauernd.

Weil Schulz so leise spricht, dass selbst das Klackern der Tastatur seine Stimme übertönt, setzt sich auch die Protokollantin an den Tisch der Vernehmer und beginnt zu stenografieren. Satz für Satz, fast fünf Stunden lang. Die vier stoßen mit den Köpfen beinahe zusammen, als sich das Morgenlicht in den Fenstern bricht.

Der Mordfall der Dritten ist geklärt. Die Sechste fängt jetzt erst richtig an.

Ein Lautsprecherwagen durchbricht die sonntägliche Stille in Wilmersdorf. „Es ist ein Tötungsdelikt geschehen", schallt es durch die Straßen. „Wer hat Frau Jahnke am vergangenen Freitag gesehen? Wenn Sie Angaben machen können, melden Sie sich bitte bei der Berliner Mordkommission …"

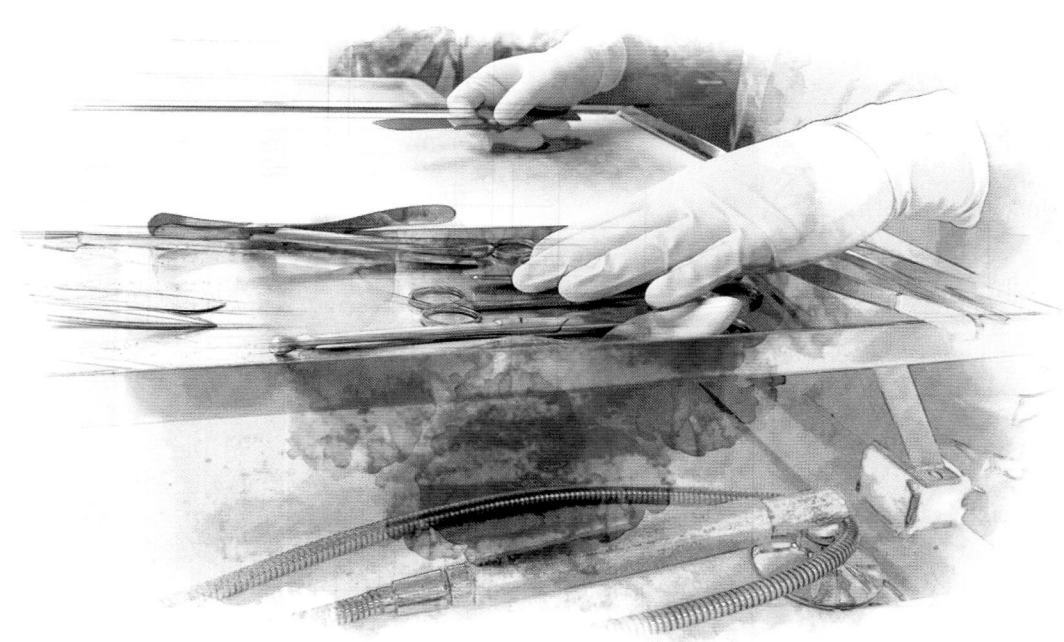

Die Obduktion. Auf dem kalten Stahltisch liegt eine Frau, 83 Jahre alt, ihr Leichnam ist leicht wie ein Kind.

Von den Nachbarn erfahren die Ermittler nicht viel. Hannelore Jahnke lebte, nahezu taub, allein und zurückgezogen. Eine 83 Jahre alte, äußerst fromme Frau, die noch etwas kleiner als ihre 1,44 Meter wirkte, weil sie tief gebückt ging. Länger verließ sie ihre Wohnung nur, um mit einer grünen Plastikgießkanne auf dem Friedhof Groß-görschenstraße das Grab ihrer Eltern zu pflegen.

Als am Freitag die Pflegerin kommt, findet sie Jahnke leblos im Wohnzimmer. Sie liegt auf dem Bauch, um den Hals eine schwarze Strickjacke gewickelt, die Gießkanne in einer Plastiktüte neben ihr. Der Täter hat Schubladen, Schränke durchwühlt, aber keine Fingerabdrücke dabei hinterlassen. Zwei Topflappen, rot-weiß gehäkelt, die auf dem Teppich neben dem Couchtisch liegen, gehen zur Spurensuche ins Labor.

Die Chance, als Mörder in Berlin ungestraft davonzukommen, ist relativ gering: Die Aufklärungsquote liegt zwischen 92 und 95 Prozent. Schwierig wird es für die Ermittler, wenn sich Täter und Opfer vorher nicht kannten, es der Zufall war, der sie zusammenführte. Genau danach sieht es im Mordfall Jahnke aus: Ein Fremder hat die Frau an ihrer Wohnungstür überwältigt, um sie auszurauben, gezielt getötet, schnell und effizient.

Sie treten auf der Stelle, bis Niemann am nächsten Freitag um 7.30 Uhr seinen Dienst beginnt. Das Haus ist noch verwaist, da stürmt ihm auf dem Flur der Tatortexperte entgegen. „Ein Treffer", ruft er ihm entgegen. „Die DNA-Spuren am Topflappen sind von Schulz!"

Schulz weiß nicht, dass auch sein fünfter Mord aufgeflogen ist. Dass Hannelore Jahnke so schnell gefunden wurde, haben sie vor ihm geheim gehalten. Momente der Überraschung sind für jeden Vernehmer Gold.

Bevor Niemann dem Serienmörder in der Untersuchungshaft Moabit das erste Mal gegenübertritt, beginnt er ins Leben von Tommi Schulz einzutauchen. Es gehöre zu seiner „Arbeitsgrundlage", zu erfassen, wo der Mensch herkommt, was ihn treibt. Wie sollten die Ermittler sonst ein Motiv erkennen? Oder im Verhör einen Draht zum Tatverdächtigen entwickeln?

Den Fall Schulz könne nur verstehen, wer sein Leben bis zur Kindheit zurückverfolgt. Bis zum 3. November 1964, dem Tag, an dem Tommi Schulz in Schöneberg geboren wurde. Der Junge wuchs rund um den Nollendorfplatz mit seinen drei Geschwistern auf. Die Mutter, so erzählte er es später selbst, war mit der Erziehung überfordert, sein Vater Alkoholiker. Tommi genoss es, seine Schwester, den Liebling des Vaters, zu drangsalieren und zu quälen.

Der Junge schielte auf dem linken Auge. Der Schulweg wurde für ihn zum Spieß-rutenlauf, die Kinder hänselten ihn wegen seiner Brille. Und eigenartig fanden sie ihn auch. Schon in der Grundschule entwickelte er sich zum Einzelgänger.

Mit elf schwänzte er meist. Mit 13 trank er regelmäßig Alkohol, mit 17 kam Haschisch dazu, mit 22 Heroin, das er erst nur schniefte, später spritzte.

„Schulz hat nie Nestwärme gespürt, nie körperliche Nähe erfahren", sagt Kommissar Niemann, der selbst zwei Kinder hat. Das habe sein Gefühlsleben abgetötet, „was durch die Drogen noch verschlimmert wurde".

Anerkennung habe Tommi nur in seiner Gang gefunden, wurde, schon bevor er strafmündig war, mehrfach wegen Ladendiebstahls und Einbrüchen festgenommen. Als sich die Eltern trennten, schloss er sich mit seinem Bruder Christian dem ältesten Bruder an, der die beiden ins kriminelle Handwerk einführte. Auch gemeinsam begingen sie Raubüberfälle, machten Jagd auf Opfer, die ihnen psychisch oder physisch unterlegen schienen.

Seine beiden Brüder endeten früh im Gefängnis. André erwürgte 1979 eine alte Frau, überlebte die Haftzeit nur ein paar Jahre. Christian saß wegen schweren Raubes ein, weil auch er alte Frauen überfiel. 1992 starb er in seiner Zelle an einer Überdosis Heroin.

Als Heranwachsender lebte Tommi Schulz überwiegend von Straftaten, wurde von der Justiz ermahnt, mit Bewährung nach Hause geschickt, bis ihn die Polizei im Juli 1986 das erste Mal des mehrfachen Mordes überführte. Als seine Großtante, 72, tot in ihrer Wohnung in der Schöneberger Goebenstraße gefunden wurde, verhörten die Ermittler Schulz zunächst als Zeugen, doch der 21-Jährige hielt dem Druck nicht stand. Er gestand neben Dutzenden Überfällen insgesamt drei Morde.

Es war nicht das einzige Mal, dass in Berlin ein Mehrfachmörder lange unentdeckt blieb. Statt bei über 90 Prozent liegt die Aufklärungsquote bei Serienmorde bundesweit bei nur etwa 82 Prozent, weil Serienmörder eher zufällig zuschlagen. Statt „normalerweise" rund 80 Prozent der Täter haben nur 20 Prozent der Serienmörder vorher eine persönliche Beziehung zum Opfer. Auch Berlins gefährlichster Serienmörder Thomas Rung überraschte die Ermittler, als er 1995 gestand, nicht nur

seinen Stiefbruder, sondern vorher sechs Frauen ermordet zu haben.

Beim ersten Mal war Tommi Schulz noch selbst überrascht, wie leicht es ihm fiel, zu töten. Am 13. Juni 1986 folgte er einer 81-Jährigen in die Fürther Straße, Wilmersdorf, stieß sie von hinten in ihre Wohnung, erdrosselte sie mit einer Strumpfhose. Er fühlte sich, so berichtete er es später einem Gutachter, berauscht, wie befreit, als der Blick seines Opfers „ins Ungewisse geht". Von den 50 Mark, die er im Wohnzimmer fand, kaufte er sich Heroin.

Am 15. Juli 1986 erwürgte Schulz seine Großtante Waldtraut mit einem Schnürsenkel. Beute: 3500 Mark und zwei Ringe. Noch am selben Tag ging er zum Pfandleiher, um sein Keyboard auszulösen. Danach kaufte er im KaDeWe für 199 Mark Kopfhörer, bei Wertheim ein Radio für 699 Mark, einen Kassettenrekorder, Hasch für 300 und Speed für 300 Mark.

Drei Tage später erwürgte er eine 84-Jährige in der Belziger Straße, Schöneberg. Mit 75 Mark aus dem Einkaufsbeutel der gehbehinderten Frau flüchtete er.

Tommi Schulz kam am 19. März 1987 mit den ersten drei Morden vor dem Berliner Landgericht glimpflich davon. Der Richter sah in dem 22-Jährigen keinen „kaltblütigen Mörder", sondern einen schwachen Menschen, „beeinflussbar, vielleicht auch zum Guten". Einem jungen Menschen dürfe die Lebensperspektive nur dann genommen werden, wenn es unabweisbar sei, hieß es in der Urteilsbegründung. Statt lebenslang verhängte die Kammer 15 Jahre Haft.

Auf Verständnis stieß er bei der Justiz auch, als er wenig später einen eigenbröt-

Das fünfte Opfer. *Hannelore Jahnke wurde mit 83 Jahren ermordet. Hier ein leicht verfremdetes Foto von ihr, das die Polizei veröffentlicht hat.*

lerischen Mitgefangenen misshandelte, schlug und würgte. Wieder schloss das Landgericht eine erhebliche Beeinträchtigung der Schuldfähigkeit nicht aus. Schulz habe sich nach dem Urteil in einem „Zustand der Aussichtslosigkeit und Resignation" befunden. Aus 15 werden 22 Jahre Haft, die Schulz bis auf den letzten Tag absitzt.

Ein Freitag im Februar 2021. Kriminalhauptkommissar Niemann blättert an seinem Schreibtisch durch die alten Akten, wie im Daumenkino sieht man auf den Fotos den Serienmörder altern. Schulz mit 22, noch eher Junge als Mann, T-Shirt, Turnschuhe, die Jeans weit über die Hüfte gezogen. Schulz mit 44, mit Bartschatten im Gesicht und Tränensäcken unter den blauen Augen, die herausfordernd in die Kamera schauen. Mit 54 sieht Schulz aus wie ein alter Mann, das Haar grau und wirr. Seit seinem 22. Lebensjahr hat Tommi Schulz sechs Monate in Freiheit verbracht.

Kriminalhauptkommissar Niemann hat mit der Sechsten etliche Mörder und Totschläger überführt und die allermeisten nie wiedergesehen. „Die werden in der Haft alt und einsichtig." Bei Tommi Schulz habe nichts gefruchtet.

Eine Woche nach dessen Festnahme bittet Niemann Peggy Sponholz, ihn als „Icebreaker" in die JVA Moabit zu begleiten. Die Kommissarin bleibt in der Zellentür stehen, während sich Schulz und Niemann auf die beiden Pritschen setzen. Er sei „dringend tatverdächtig", in Wilmersdorf eine zweite Frau getötet zu haben. Ob er nicht eine Aussage machen wolle?

Die „extrem kräftigen Hände", sagt Niemann, fallen ihm als Erstes auf, als er Schulz in der U-Haft gegenübersteht, „da läuft es einem schon eiskalt den Rücken herunter". Trotz allem sieht Niemann in dem Mörder einen Menschen, kein Monster. Tommi Schulz habe schlicht da weitergemacht, wo er 22 Jahre zuvor aufgehört hatte. „Rauben und Morden: Das war seine Profession, das einzige Handwerk, das er erlernt hat." Schulz sitzt aufrecht auf der Pritsche, umfasst seine Knie, wippt hin und her. Eine Stunde versucht Niemann ihm gut zuzureden, vergeblich. Der Häftling ruft den Wärter. „Mein Akku ist leer, das ist mir zu viel", sagt Schulz.

Sponholz sagt: Wenn man etwas Gutes über Schulz sagen will, dann dass er niemals versucht hat, seinem Liebhaber Schuld aufzuladen.

Es gibt viele Arten, das Elend auf Distanz zu halten. Niemann schwört auf Sachlichkeit. Seinen inneren Frieden findet er im „Ermittlungserfolg Wahrheit" – egal, was andere danach daraus machen. Nein, er hege keinen Groll gegen Schulz' Sozialarbeiter, Anwälte, Richter, Anstaltsleiter oder Bewährungshelfer. „Aber an deren Stelle möchte ich nicht stehen." Trotzdem dürfe man nicht zulassen, dass Schulz die Verantwortung auf eine in der Regel funktionierende Gesellschaft abwälze. Schulz habe die Frauen umgebracht, sagt Niemann, „nicht wir, nicht andere".

Auch für Schulz' Liebhaber Lube wurde der Serienmörder zum Verhängnis. In der JVA Tegel saß er fünf Jahre wegen Betruges ab, als er Schulz das erste Mal begegnete. Eine Knastliebe. Die Anstaltsleitung duldete, dass sich das Paar im Haus 3, wo die harten Fälle saßen, eine Zelle teilte. Lube erkannte jeder schon von Weitem an seinem Markenzeichen, dem signalroten Basecap. Sponholz sagt: „Da hat Schulz die Farbe offenbar nicht gestört."

Die Männer werden kurz hintereinander entlassen. Mit Computerspielen vertreiben sie ihre Tage, sitzen vor dem Fernseher, trinken Bier und bessern ihre Sozialhilfe mit Betrügereien und Diebstählen auf. Am Nollendorfplatz, Tommis altem Kiez, gerät Charlotte Hübner ins Visier des „Oma-Mörders".

Eines Tages sagt Schulz: Lass uns 'ne Alte klarmachen. Lube denkt, es geht um Raub.

Nachdem Lube gestanden hat, arbeiten die Zielfahnder auch den zweiten Auftrag der Mordkommission zügig ab: Tommi Schulz wird 20.50 Uhr am Bahnhof Zoo festgenommen. Für Hannelore Jahnke, die alte Dame aus Wilmersdorf, kommt die Festnahme 48 Stunden zu spät.

Es fällt Schulz schwer, sich nach dem ersten Urteil in die Haftanstalt zu integrieren. Dem Personal fällt auf, dass er vor allem mit schwächeren Mitgefangenen derbe

Späße treibt, sie zu Balgereien provoziert, dann heftig würgt. Viele fürchten diesen unbeherrschten Mann, der auf sonderbare Weise freudig erregt auf Kontrahenten losgeht.

Schulz' Gefangenenpersonalakte wird immer dicker. Am Ende der ersten Haftzeit hat er 22 Disziplinarmaßnahmen hinter sich. Er wird mit Cannabis erwischt, selbst angesetztem Alkohol, Opiaten. Er begeht mehrere eher halbherzige theatralische Selbstmordversuche. Die Anstaltsleitung ist überzeugt, dass Tommi Schulz versucht, Personal und Mithäftlinge zu manipulieren.

In die Schlagzeilen gerät Tommi Schulz im Mai 1990, als er, in einer Kiste versteckt, auf einem Lkw aus der Haftanstalt flüchtet. Er stellt sich Tage später selbst und behauptet, die Flucht sei ein Zeichen gegen den Drogenhandel in der JVA gewesen. Die Aktion bringt ihm Sympathie der Gefangenen ein, aber die Wachleute sind auf ihn schlecht zu sprechen. Die Angestellten müssen sich dafür verantworten, dass der Laster, der Glühlampen transportiert hatte, zwar kontrolliert worden war, aber keiner in die Holzkiste geschaut hatte.

Im Lauf der Jahre schreibt Schulz 150 bis 160 Zeitungen und Journalisten an, um Haftzustände in der JVA Tegel anzuprangern. Auch bei Justizsenatorin Jutta Limbach versucht er die Anstalt anzuschwärzen, bittet darum, begnadigt zu werden.

Dem Tagesspiegel schicken Schulz und Lube im September 2006 einen mit einer Schreibmaschine getippten Brief. Im Betreff heißt es in gefetteten Buchstaben: „Vertuschungsversuch der JVA-Tegel bezügl. Drogenhandel -und Schmuggel durch Bedienstete". Sie geben vor, den Drogendealern, die von den Bediensteten gedeckt würden, das Handwerk legen zu wollen – und dass sie nun von der „Schutzgeldmafia" unter Druck gesetzt würden und in Lebensgefahr seien. Die Anstalt weigere sich zu handeln. „Wir bitten Sie deshalb in unserem Namen eine Anzeige bei der StA zu stellen!"

Der Haftgefangene Thomas Schulz sieht die Welt durch Gitterstäbe, als in Berlin die Mauer fällt, der Euro die D-Mark ersetzt. Die digitale Revolution kennt er vom Hörensagen. Er verbüßt seine Strafe bis auf den allerletzten Tag, ohne je eine Therapie, Vollzugslockerung, Ausgang oder Hafturlaub gehabt zu haben, und wird, wie es später im Urteil heißt, „praktisch unbehandelt und weitgehend ohne soziale Bindungen entlassen".

Es findet sich niemand, der vor der Gefahr warnen könnte. Begutachtet wird Schulz nicht – das ist nicht vorgeschrieben, wenn ein Gefangener seine Strafe komplett absitzt. Mitgefangenen prophezeite Tommi, dass er es „da draußen" nicht schaffe, ohne Familie, Job, irgendeinen Halt. Obwohl er unter Führungsaufsicht steht, verliert der Bewährungshelfer ihn nach ein paar Wochen aus den Augen.

Thomas Schulz' Geschichte ist eine der Versäumnisse, von falsch verstandener Milde und folgenschwerer Gleichgültigkeit. Weil so viele so oft versagten, mussten im Juli 2008 zwei weitere Frauen sterben.

Auf ein Geständnis wird die Sechste am Ende nicht mehr angewiesen sein. Die Topflappen und Schulz' DNA. Später verpfeifen ihn zwei Mithäftlinge, denen er sich offenbart. Nicht, weil sie sich irgendwas versprechen, sagt Niemann. „Die fanden diese Taten extrem niederträchtig."

Gesprächig wirkt Schulz auch auf den psychiatrischen Sachverständigen, der den Angeklagten mehrfach in der U-Haft aufsucht. Über seine kriminelle Laufbahn habe Schulz in einer „Mischung von geschäftsmäßiger Emotionslosigkeit und magisch verbrämten Größenfantasien" berichtet, sagt Alexander Böhle im Prozess. Fast 200 Seiten umfasst sein Gutachten.

Mit 88 fällt Schulz' IQ eher bescheiden aus, dafür kommt er in der sogenannten Psychopathy-Checklist auf Höchstwerte. Auf Prognose-Skalen weise er extreme Werte auf, sagt der Psychiater im Prozess. Er sieht „nach derzeitigem Stand der psychiatrischen Wissenschaft keinerlei Ansatzpunkte für eine erfolgversprechende Behandlung".

Es ist der 20. November 2009, an dem das Berliner Landgericht Thomas Schulz schließlich zu lebenslanger Freiheitsstrafe und Sicherungsverwahrung verurteilt. Er wird das Gefängnis wohl nie wieder verlassen. Seinen Freund Danny Lube verurteilt das Landgericht wegen Raubes mit Todesfolge zu siebeneinhalb Jahren Haft. Die Zeit in der Entziehungsanstalt hilft ihm nicht. Nachdem er 2017 entlassen ist, erhöht er sein Pensum schnell auf sieben Liter Wein am Tag. Wenige Monate später ist er tot.

Angst verbreitet Tommi Schulz, selbst früh gealtert, nicht mehr. Es heißt, er stehe in der Knasthierarchie weit unten, verrichte Botendienste für die Jüngeren. Neulich hat er sich noch einen Strafnachschlag von drei Monaten geholt, nachdem Justizbeamte seine Zelle durchsucht hatten und ein Handy fanden. Schulz stellte Strafanzeige und bezichtigte sie des versuchten Totschlags. Eine Videokamera bewies, dass er log.

*Die Namen von Opfer und Täter sind geändert

Wenn Frauen morden

Ein Mensch wird brutal erschlagen. Die Verdächtige: ei[n]
Untermieterin, die zu Reue nicht mehr fähig ist. Wie ist
Ein Psychiater durchleuchtet ihre Vergangenheit

Auf frischer Tat, das ahnt Kriminalhauptkommissar Uwe Behrens, als er mit seinen Kollegen die Fassade des Miethauses
hinaufblickt, werden sie hier niemanden
mehr stellen. In der Luft liegt dieser unver-
wechselbare Geruch, süßlich und schwer,
der ihm sagt, dass in der Sembritzkistraße,
Berlin-Steglitz, ein Mensch gestorben ist.
Vor Tagen schon, vielleicht vor Wochen.

Ein Abend im September 2004, der Vater
des Opfers hat die Feuerwehr alarmiert. Die
Ermittler und Ermittlerinnen der fünften
Mordkommission müssen sich beeilen, in
ihre weißen Faserschutzanzüge zu kommen, wenn sie sich vorsichtig in der Wohnung umschauen wollen, bevor Kriminaltechnik, Fotograf und Tatortmann den Platz
für sich beanspruchen.

„Es ist sehr wichtig, sich selbst wenigstens
einen oberflächlichen Überblick zu ver-
schaffen", sagt Behrens, damals Vize, heute
Chef der fünften Mordkommission. Um ein
Gefühl für die Tat zu entwickeln, den Ort
des Geschehens und das Milieu, in dem sich
das Opfer bewegte.

Von seinem Platz, dem Kopfende des Be-
sprechungstisches, schaut Behrens in die
Flucht der menschenleeren Büros. 53 Jahre
alt, ein großer, sportlicher Typ, karierter
Anzug, das Haar raspelkurz geschoren.
Die Stille fühlt sich fremd an, auch im
zweiten Jahr der Pandemie. Hier, an der
Plastiktischdecke, wo morgens sonst mit
ihm acht Leute sitzen, Kaffee trinken, Tee
verkleckern, Müsli und Schokolade essen,
um zu berichten, was sich bei ihren letzten
Recherchen ergeben hat.

Als sich die Fünfte an jenem Abend des
21. September 2004 in der Wohnung des
Opfers umschaut, sieht Behrens, dass jemand die Tür des Schlafzimmers mit einer
weißen Pampe abgedichtet hat. Offenbar
um zu verhindern, dass sich der Leichen-
geruch ausbreitet.

Die Leiche ist im Schrank versteckt, mit
Stofffetzen geknebelt, an Armen und Beinen
mit Elektrokabeln gefesselt, über den Kopf
einen Leinenbeutel gezogen. Mit einer Axt
war dem Opfer mindestens fünf Mal auf den
Schädel geschlagen worden.

Seit zehn Tagen ist Christian Baske da
schon tot. „Ein Eigenbrötler und Einzelgänger", sagt Behrens. Ein arbeitsloser
Postzusteller, der von Sozialhilfe lebte und

sein Budget mit dem Verkauf historischer Postkarten aufbesserte. Bis zu ihrem Tod hatte der 36-Jährige mit seiner Großmutter in der Sembritzkistraße gewohnt. Ihr Zimmer vermietete er seitdem unter.

Am Tag von Baskes Tod hatten die Nachbarn, die alle unter der Hellhörigkeit des Hauses leiden, um 6.30 Uhr in ihren Wohnungen neben und unter ihm Schreie und schreckliches Stöhnen gehört, dann den Ausruf „Ich sterbe! Ich sterbe!", bevor eine Stimme sagte: „Lass mich in Ruhe" – und wieder Stille eintrat.

So ungewöhnlich war das im Hause Baske nicht. Der 36-Jährige war ein ängstlicher und gehemmter Mensch, der des Öfteren, ohne für Außenstehende erkennbaren Grund, herumschrie und fluchte, häufig auch nachts. Nachbarn hatten versucht, auf ihn zuzugehen, boten ihre Hilfe an, vergeblich.

Kriminalhauptkommissar. *Uwe Behrens heute Chef der fünften Mordkommission*

Von der letzten Untermieterin fehlt jede Spur. Zeugen beschreiben eine Frau in den 30ern, zierlich, keine 1,60 Meter groß. Nachname, Vorname – unbekannt. In Baskes Unterlagen findet sich kein Vertrag, kein Kontoauszug, kein Brief, kein Foto, nichts, was auf die Identität der Fremden hinweisen könnte. Die Anfragen bei Vermittlern von möblierten Zimmern versanden im Nichts, sagt Behrens. „Wir hatten keine Ahnung, wer die geheimnisvolle Untermieterin sein könnte."

Es ist einer dieser Fälle, die Behrens nie vergessen wird. Nicht nur, weil er damals seine erste mutmaßliche Mörderin suchte, sondern auch, weil bei der Ermittlung erst mal schiefging, was schiefgehen konnte. Bis ein Puzzlestein zum nächsten kam und der letzte dann das ganze Bild ergab. Er sagt: „Es war wie im schlechten Film."

Weiblich, klein, kurze Haare – das ist alles, was die Ermittler wissen, als sie feststellen, dass jeden Tag von Baskes Konto 250 Euro, sein selbst festgelegter Höchstbetrag, abgehoben werden, von verschiedenen Automaten, immer in der Innenstadt. 2004 gibt es noch Bankautomaten ohne Kamera und etliche, in denen welche installiert sind, die aber nur ein Foto auslösen, weil jemand seinen Code zweimal falsch eingegeben hat. Dass nach einer Kontobewegung die Volksbank jedes Mal anruft, hilft den Ermittlern wenig. Die Gesuchte ist da längst im Gewühl verschwunden. „Wir sind immer hinterhergehechelt."

Am 24. September meldet die Volksbank morgens: „Gestern um 15 Uhr wurde abgehoben an einem videoüberwachten Automaten." Endlich, denken die Ermittler ...

... und verzweifeln, als sie feststellen, dass es so stark geregnet hatte, dass man außer ein paar dunklen Farbklecksen nichts erkennt. Das Foto sieht aus wie das abstrakte Gemälde eines schwermütigen Impressionisten. Der Vermerk fällt knapp aus: eine Person, vermutlich eine Frau, offenbar mit kurzen Haaren.

Am 27. September stimmt mit dem Wetter alles, als in der Georgenstraße 250 Euro abgehoben werden. Dieses Mal löst die Videokamera erst gar nicht aus. „Man sitzt da und denkt: Das kann doch jetzt nicht wahr sein!"

Sie postieren Beamte in Zivilfahrzeugen, mit Videokameras ausgestattet, in der Stadt. Die Auswahl wird zur Lotterie, sagt Behrens. „Wir mussten mit Personal sparsam umgehen, nicht wie damals, als die ganze Stadt den Kaufhauserpresser Dagobert jagte." Damals wurde er als junger Beamter im Betrugsdezernat abgeordnet, um eine Telefonzelle in der Charlottenburger Meinekestraße zu überwachen.

Die Zeit läuft, Baskes eher klägliches Guthaben schwindet – langsam gehen den Ermittlern die Chancen aus. Wie sollen sie die Unbekannte jemals finden, wenn das Konto abgeräumt ist? Behrens telefoniert, schreibt Vermerke, regelt bei der Bank, dass der Polizeipräsident für diesen Verlust als Bürge steht.

Es ist die sperrige Sprache, die einen im LKA 11 daran erinnert, dass das Morddezernat Teil einer Behörde ist. Der Ermittler wird als Sachbearbeiter geführt, der Vorschriften zur Dienstverrichtung zu befolgen hat, keinen Mörder zur Strecke, sondern Maßnahmen zur Durchführung bringt. So etwas muss abfärben.

Bei Kommissar Behrens, der von sich behauptet, dass er mit der Polizei in einem „symbiotischen Verhältnis" lebt, scheinen Mensch und Behörde längst untrennbar verwoben. Wenn er über seinen Alltag spricht, klingt es wie bei einem Wetterhäuschen im April, wo im ständigen Wechsel mal der Mensch, mal die Behörde nach vorne tritt.

Behrens sagt: „Man arbeitet in einem sehr familiären Personalkörper, der ein Höchstmaß an Motivation aufweist." Und schiebt im nächsten Atemzug hinterher: „Man muss schon ein bestimmtes Gen haben, um hier zu arbeiten. Alles Leute, die ähnlich beharrlich und bekloppt ermitteln wollen."

Über Kriminaltechniker und Gerichtsmedizinerinnen sagt Behrens: „Ohne die Servicedienststellen könnten wir nicht so erfolgreich sein."

Erläutert dann: „So etwas wie Standesdünkel gibt es nicht. Wenn einer sagt: ‚Kannst du so machen, ist aber scheiße', sage ich: ‚Okay, dann mache ich's, wie du es sagst.'"

In Schöneberg aufgewachsen, mit Hochschulreife, aber „ohne Plan", bewarb er sich nach dem Abitur bei etlichen Versicherungen, im öffentlichen Dienst, aber keiner außer der Polizei habe ihn gewollt. Bereut habe er das nie. „Wir passen gut zusammen, die Polizei und ich."

Was einen Mordermittler ausmache? Analytischer Sachverstand, sagt Behrens. Spaß am Lösen von Rätseln, eine außergewöhnliche Merkleistung. Man müsse verallgemeinern und rumspinnen können. „Fälle auch mal abstrakt handhaben, beim Nachdenken über Motive ins Absurde driften."

Sein erster Mordfall, 2. Oktober 1993. Im Lokal „Zum Guckloch", Schlesische Straße, geht ein Kneipenstreit blutig aus. Ein Gast hat dem Rosenverkäufer mit einem Schießkugelschreiber in den Kopf geschossen. Am 3. Oktober steht Behrens in der Lützowstraße, wo eine Prostituierte erschlagen worden war. „Und so ging das seitdem immer weiter." Aber eine Mörderin hat er bis 2004 nie gejagt. Während sich Behrens und seine Kollegen mit den Bankautomaten abkämpfen, arbeitet sich der Tatortspezialist der Fünften immer weiter in Baskes Wohnung vor, Zentimeter für Zentimeter, um jede Spur für das Gericht zu dokumentieren.

Im Zimmer der Untermieterin angelangt, findet er unterm Schreibtisch einen Papierkorb, dessen Inhalt er schichtweise abträgt, bis er am Boden auf ein paar Schnipsel stößt. Aus dem Puzzle wird der Vordruck für eine Überweisung mit der gefälschten Unterschrift von Christian Baske. „Her... ... rco Lukasc...", ist darauf noch zu entziffern, „300 Euro, 5.9.04."

Herr Marco Lukasch ist 14 Jahre alt, lebt in einer WG für betreutes Wohnen und scheidet als Verdächtiger aus. Als die Polizei aber den Nachbarn ein Foto seiner Mutter Tatjana zeigt, erkennen sie die abgetauchte Untermieterin wieder.

Am 28. September beobachtet eines der eingesetzten Observationsteams Tatjana Lukasch, während sie in der Ladenzeile des S-Bahnhofs Friedrichstraße mit Baskes Bankkarte 250 Euro abhebt. Sie lässt sich widerstandslos festnehmen.

Die Beschuldigte zeigt keine Reue. Im Prozess sagt der Gerichtsmediziner, dass das Opfer, verpackt im Schrank, vermutlich noch mehrere Stunden lebt, während Lukasch das Zimmer putzt und die Tür mit einem Silicon-Zahnpasta-Gemisch abdichtet. Am 16. September unterschreibt sie einen neuen Mietvertrag. Mit Baskes Geld bezahlt sie Möbel, die erste Miete und Kaution.

Frauen sind, das erleben Ermittler fast jeden Tag, wenn es um Mord und Totschlag geht, meist als Opfer betroffen. Sind sie selbst beschuldigt, lesen sich viele Geständnisse wie Geschichten des Elends, erzählen von häuslicher Gewalt, Missbrauch, Alkohol und Drogensucht. „Es handelt sich oft um situative, fast affektive Taten", sagt Behrens, die aufgrund der Umstände selten als Mord geahndet werden. Oder Verzweiflungstaten junger Frauen, die, von der Geburt traumatisiert, ihren Säugling getötet haben. Mütter, die des Lebens müde, ihre Kinder mit in den Tod nehmen.

Unter den 125 Tatverdächtigen, die 2020 in Berlin einen Menschen umgebracht oder es versucht haben, waren zwölf Frauen. Drei weibliche Angeklagte mussten 2018 wegen Totschlags ins Gefängnis, eine 2019, keine

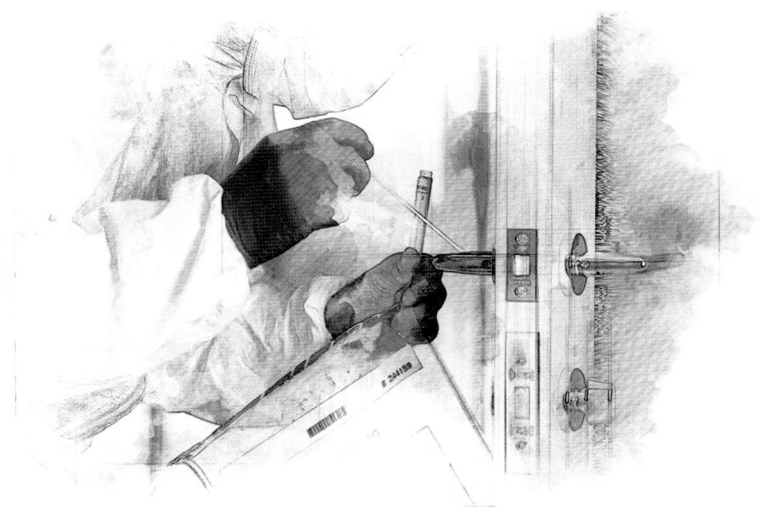

Spurensicherung. *Jemand hat die Tür des Schlafzimmers mit einer weißen Pampe abgedichtet – wegen des Geruchs.*

einzige im Jahr 2020. Eine Frau wurde wegen versuchten Mordes verurteilt.

Wegen Mordes wurde 2015 eine Frau, die Mutter eines Pferdewirtes, verurteilt. Weil über das Vorleben und Wirken der Berliner Strafgefangenen wenig bekannt ist, haben drei Doktoranden 2014 aus dem Institut für Forensische Psychiatrie der Medizinischen Fakultät der Charité die Gefangenenakten der mit lebenslanger Haft Einsitzenden ausgewertet. Auf exakt 100 Männer kamen in Berlin fünf verurteilte Frauen.

Tatjana Lukasch sitzt, als die Daten erhoben werden, seit zehn Jahren in Haft und ist die mit Abstand jüngste Mörderin in der Justizvollzugsanstalt für Frauen in Pankow. Die meisten Frauen hatten ihre Taten mit über 50 begangen. Bei fast allen stand ein finanzielles Motiv im Vordergrund. Die Frauen töteten wie Lukasch aus Habgier oder um einen Betrug, Diebstahl zu verdecken. Die meisten Opfer waren ältere oder schwächere Menschen.

Das Treiben der einzigen Serienmörderin unter den Berliner Lebenslänglichen blieb lange unentdeckt. Die Charité-Krankenschwester tötete 2005 und 2006 auf der kardiologischen Station mindestens fünf Menschen mit Medikamenten.

Während sie in der Untersuchungshaft auf ihren Prozess wartet, bekommt Tatjana Lukasch Besuch vom psychiatrischen Sachverständigen. Er trifft auf eine „isolierte, unsichere und gefühlsarme Frau, die wenig Rüstzeug hat, mit Konflikten umzugehen". Seit frühester Kindheit fresse Lukasch Probleme in sich hinein, habe in „ihrer ichbezogenen Einzelkämpferhaltung" nur sehr begrenzt Zugang zu menschlichen Regungen wie einem Gewissen oder Mitgefühl.

Dem Psychiater erzählt sie, 1967 im Erzgebirge geboren, in sonderbarer Teilnahmslosigkeit von ihrem Leben. „Meinen leiblichen Vater habe ich nie kennengelernt, ich weiß nichts von ihm. Von Mutter kenne ich nur den Namen, ich war bis zum fünften

Lebensjahr bei ihr. Sie hat im Kuhstall gearbeitet. Wir wohnten in einer Kleinstadt bei Aue auf einem Bauernhof. Ob sie mich lieb gehabt hat? Sie hat mich einmal gedrückt, bevor ich ins Heim kam."

Weggeschickt wird das Kind, weil die Mutter wegen Totschlags für 17 Jahre ins Gefängnis muss. Mit ihren Pflegeeltern kommt Tatjana nicht aus, muss zurück ins Heim, wo sie mit zwölf Jahren ein Erzieher vergewaltigt. Sie absolviert eine Lehre zur Zwirnerin, muss wegen „Arbeitsbummelei" in einen Jugendwerkhof in Crimmitschau.

„Wie ich meine Kindheit insgesamt einschätze? Es ging so, man hat sich damit abgefunden, man hatte keine andere."

Mit 18 zieht sie nach Lübben, Spreewald, arbeitet in einer Konservenfabrik. Im April 1988 wird ihre Tochter geboren. „Ich hatte einen Arbeitskollegen kennengelernt, ein Jahr älter. Ich wurde schwanger, das hat ihn nicht interessiert." Ihr Sohn Marco, er kommt im Februar 1990 zur Welt, hat einen Polizisten aus Berlin zum Vater. Er zahlt Unterhalt, doch Lukasch bleibt alleinerziehend.

Als die Mauer fällt, fällt auch Lukasch ins Bodenlose. Sie verliert ihre Arbeit und bald jeden Kontakt zu ihrer Tochter, die wegen Erziehungsproblemen ins betreute Wohnen zieht. Im Juni 2001 kommt sie mit Marco nach Berlin, wo sie keinen festen Job findet. Als sie im November 2002 den Zwölfjährigen grün und blau schlägt, kommt auch der Junge ins betreute Wohnen. Sie jobbt als Anstreicherin, für eine Recyclingfirma, verlegt Fußböden.

Im Mai 2003 missbraucht ein Fremder Marco im Park, zwingt ihn zum Oralverkehr. Ein paar Monate später darf er zur Mutter zurück. Doch bald streiten die beiden heftig. Marco ist jetzt 14. Als er handgreiflich wird, wirft sie ihn aus der Wohnung. „Er hatte sich nicht mehr gewaschen, keine Lust zu lernen. Ich hatte ihm eine Ohrfeige gegeben." Der Junge kommt in eine Kriseneinrichtung. Im Juli 2004 zieht Lukasch in der Sembritzkistraße ein.

Über ihren Vermieter hat Lukasch wenig Schmeichelhaftes zu berichten. Er sei ein fauler Hund gewesen. „Alles war dreckig, hat gestunken. Ich habe sauber gemacht, aber er hat alles stehen und liegen lassen. Es war verwahrlost, eklig." Während sie händeringend Arbeit suchte, erklärte er, dass er nicht viel mehr brauche als seine Arbeitslosenhilfe. Außerdem sei er pädophil gewesen. Die Ermittler werteten seine Fotos, Dokumente, Computer und Handy aus, sagt Behrens. „Aber dafür gab es überhaupt keinen Anhaltspunkt."

Es wird nie geklärt, woher die Axt stammt, mit der Lukasch ihrem Vermieter den Schädel einschlug. Die Angeklagte sagt, dass sie diese in der Kammer gefunden habe, aus Wut auf Baske losgegangen sei, als er über ihre Vorwürfe nur gelacht habe. Eine reine Schutzbehauptung, befinden die Richter. „Sie brauchte Geld, um für den Sohn Geschenke und Kleidung zu kaufen."

Am 18. März 2005 erhebt sich die Angeklagte, bleich und mit dunklen Augenrändern, im Berliner Landgericht, um vom Vorsitzenden ihr Urteil entgegenzunehmen: lebenslange Haft wegen Mordes in Tateinheit mit Computerbetrug in 16 Fällen. „Die sichergestellte Axt wird eingezogen."

*Die Namen von Opfer und Täter sind geändert

„Manche Fälle hängen mir ein Leben lang nach"

Sie sitzt nächtelangen Vernehmungen bei, tippt jedes Detail einer Tat mit. Eine Schreibkraft der vierten Mordkommission erzählt hier anonym, wann sie dabei an die Grenzen des Ertragbaren stößt

„Wenn ich auf den Stadtplan schaue, sehe ich überall Tatorte". Ich bin unsichtbar, gar nicht da – jedenfalls, wenn alles richtig läuft. Meine Aufgabe ist es, in einer Vernehmung alles möglichst nach Wortlaut mitzuschreiben. Ich verhalte mich ganz ruhig. Wenn ein Beschuldigter anfängt, mit mir zu reden, mich anschaut, ignoriere ich das. Mir ist das unangenehm, weil es meiner Rolle widerspricht. Ich bin die Frau im Hintergrund.

Seit zehn Jahren arbeite ich als Schreibkraft bei der Berliner Mordkommission. Ich staune manchmal über mich selbst, was ich so wegstecke. Vielleicht kann ich gut verdrängen. Wenn die Beschuldigten ihre Taten bis ins kleinste Detail schildern, ist das schwierig zu verkraften. Während der Vernehmung habe ich keine Zeit, darüber nachzudenken, aber hinterher kommt das dann manchmal hoch.

Vielleicht ist es die Konzentration, die mir hilft, Distanz zu halten. So eine Vernehmung kann ja etliche Stunden dauern. Ich habe schon viele Nächte hier durchgesessen und zugehört, beobachtet. Es werden auch Emotionen mitvermerkt. Oft passiert es, dass die Beschuldigten weinen. Einer musste sich mal übergeben, als er über seine Tat sprach. Das steht dann alles im Protokoll. Damit sich der Richter später ein Bild davon machen kann, was das für ein Mensch ist.

Ich bin im Team der vierten Mordkommission voll integriert: ein Chef, acht Kommissare und ich. Wenn ich zum Dienst gerufen werde, sagt mir mein Chef am Telefon, worum es geht. Wir Schreibkräfte sind bei jeder Sitzung dabei, damit wir wissen, worum es bei der Vernehmung gehen wird und welche Einzelheiten wichtig werden könnten.

Wenn es gut läuft, hat unser Team alle zwei Monate Rufbereitschaft. Da gibt es keinen festen Feierabend, kein Wochenende, keine Feiertage. Man fährt nach der Vernehmung rasch nach Hause, drei, vier Stunden schlafen, schnell duschen und zurück. Wenn viel los ist, habe ich öfter Bereitschaft, weil der Takt im Dezernat schneller wechselt.

Manchmal muss ich die Schreibkraft aus einer anderen Kommission vertreten.

Das Vernehmungszimmer ist mein Büro. Ein schmaler Raum, in den gerade mal mein Schreibtisch, ein Regal und der Tisch für die Vernehmer passen. Der Beschuldigte oder Zeuge sitzt rechts vor mir, die beiden Ermittler links. Sie können auf ihrem Monitor mitlesen, was ich schreibe. Wenn noch ein Dolmetscher und ein Rechtsanwalt mit dabei sind, wird die Luft schnell stickig.

Mitlesen können auch die anderen Beamten in ihren Büros nebenan. Manchmal ploppt auf meinem Bildschirm eine Frage der Chefs von draußen für die Vernehmer auf. Manchmal gibt es aber auch neue Informationen, die sich gerade aus den Ermittlungen oder parallel laufenden Vernehmungen ergeben haben und nun gegengecheckt werden sollen. Verglichen mit den Büros der anderen Schreibkräfte ist mein Zimmer noch am gemütlichsten. Die Kommissare sitzen in Korbsesseln an einem runden Holztisch. Für meinen Geschmack ist das für eine Beschuldigtenvernehmung fast zu gemütlich, aber jeder sieht das anders.

Die Wand, auf die der Befragte schaut, haben wir kahl gelassen, damit sich der Beschuldigte da nicht mit seinem Blick festhalten kann. Manche schauen ständig zu der Uhr, die über der Tür hängt. Die nehmen wir dann ab. Behaglich soll sich niemand fühlen, damit die Leute merken, dass es der Polizei ernst ist, und sie sich konzentrieren. Die wichtigen Zeugen und Verdächtigen bringen die Beamte in die Keithstraße, um den Heimvorteil zu nutzen. Ich habe aber auch schon mit dem Laptop auf der Intensivstation protokolliert, im Gefängnis oder der geschlossenen Psychiatrie, was ich etwas unheimlich fand.

Hier in meinem Zimmer fühle ich mich mit meinen zwei Kollegen sicher. Richtig ausgerastet ist noch keiner. Einmal ist ein Beschuldigter aufgesprungen, laut geworden. Er hat sich dann aber auch schnell wieder beruhigt.

Viele denken, dass Vernehmer harte Kerle sind. Alle, die ich kenne, egal, ob Frauen oder Männer, sind eher ruhig und geduldig. Manchmal spüre ich, wenn auch sie an ihre Grenzen kommen. Vielen geht es besonders nahe, wenn es um Kinder und ältere Menschen als Opfer geht. Ich bin da auch ganz empfindlich. Wenn Opfer, die einen Mordversuch überlebt haben, schildern, was ihnen widerfahren ist, ist das immer sehr dramatisch. Ich sitze da, tippe, während ich mich beherrschen muss, nicht mitzuweinen. Diese armen Menschen, diese Tat verfolgt sie ihr ganzes Leben. Das tut mir schon sehr leid.

Als junge Frau dachte ich: Oh, wie aufregend, Berlin, was für eine tolle Stadt! Je älter ich werde, desto schöner finde ich meine Heimat. Wenn ich auf den Berliner Stadtplan schaue, sehe ich überall Tatorte vor mir. Mich hat das vorsichtiger gemacht. Deshalb will ich auch nicht meinen echten Namen nennen.

Ich bin 55, in Thüringen geboren und 1986 nach Berlin gezogen. Schon vor der Wende habe ich bei der Polizei als Schreibkraft gearbeitet. Als ich alleinerziehende Mutter wurde, habe ich mich beim LKA beworben. Erst war ich bei der Wirtschaftskriminalität, also Schwarzarbeit, dann beim Rotlicht.

Bei der Mordkommission habe ich mich erst beworben, als mein Sohn alt genug war. Er ist jetzt 28. Die Arbeit hat mich schon immer interessiert. Ich schaue gerne Krimis, aber das ist reine Unterhaltung.

Die Frau im Hintergrund. *Sie tippt jedes Detail einer Tat mit. Eine Schreibkraft der vierten Mord-kommission erzählt hier anonym, wann sie dabei an die Grenzen des Ertragbaren stößt.*

Dass sie mit der Realität kaum was zu tun haben, sieht man schon daran, dass da Schreibkräfte nie vorkommen. Vielleicht weiß auch deshalb niemand, dass es uns gibt.

Es gibt Fälle, die hängen mir Tage nach, andere Wochen und manche offenbar ein ganzes Leben lang. Wenn ich an den Fall des Tätowierers denke, bekomme ich heute noch Gänsehaut. Er hatte 2011 einen Bekannten erschlagen und seine Leiche zerstückelt. Die Vernehmung fing nachmittags an und ging dann, mit kurzen Pausen, fast durch die ganze Nacht. Ich erinnere mich bis heute an ganz viele Details. Der Täter wirkte eiskalt.

Ich glaube, das ist mein schlimmster Fall gewesen. Dummerweise fing nach dem Geständnis gleich mein Urlaub an. Heute weiß ich, dass man so etwas besser verarbeitet, wenn man im Anschluss mit seinen Kollegen darüber sprechen kann. Zumal ich im privaten Umfeld nicht darüber reden darf, was ich in meinem Büro erlebe. Will ja auch keiner hören.

Die Arbeit im Team macht diesen Job ganz besonders. Auch wenn ich merke, dass es mit dem Alter immer schwerer wird, die durchgemachten Nächte zu überstehen. Und dass ich länger brauche, um mich von so einer Bereitschaft wieder zu erholen. Ich mache weiter, solange ich es noch schaffe.

Akte: nix

Acht Tage sucht die Berliner Polizei nach Dennis Bohland, der unter mysteriösen Umständen verschwunden ist. Es gibt keinen Erpresser, Abschiedsbrief, keine Leiche. Schließlich wird er im Grunewald entdeckt – und die Ermittler hören eine unvorstellbare Geschichte

Am Morgen des 10. Mai 2018 setzt sich die Kommissarin in der Klinik ans Bett des mutmaßlichen Opfers. Monika Laschke, blond, zierliche Gestalt, warmes Lächeln, rückt sich den Stuhl so zurecht, dass sie das Gesicht des Entführungsopfers genau beobachten kann. Sie sagt: „Wir glauben Ihnen kein Wort."

Ihr eilt ein Ruf voraus: Es heißt: Wenn Monika Laschke die Tür zum Vernehmungszimmer hinter sich schließe, treffe sie da drinnen immer den richtigen Ton.

Akribisch vorbereitet, niemals ungeduldig. Wenn es eine Chance gebe, dass jemand ehrlich über Schuld, wahrhaftig über Reue redet, ergreife Monika Laschke sie. Und wenn es Stunden kostet, Tage, Wochen.

Acht Tage lang hat die Berliner Polizei nach Dennis Bohland, einem 53-jährigen Mann aus Kreuzberg, gesucht, der unter mysteriösen Umständen verschwunden war. Gegen neun Uhr morgens, an einer belebten Straße, direkt neben seinem Auto.

Acht Tage fehlte jede Spur. Bis in der Nacht zuvor eine Autofahrerin Bohland am Straßenrand der stockfinsteren Königsallee, mitten im Grunewald, entdeckt. Er war um zwei Uhr mit freiem Oberkörper und nackten Füßen zwischen den Bäumen hervorgerobbt. Seine Knöchel mit Klebeband gefesselt, eine Stichverletzung im Rücken.

Ein Fall, der sich ins Gedächtnis brennt, selbst bei einem wie Michael Hoffmann, der im Morddezernat in den vergangenen 26 Jahren Dinge gesehen hat, die ein Drehbuchautor als Idee wohl verworfen hätte, weil sie zu abstrus erscheinen.

An einem Mittwoch vor Ostern 2021 sitzt Monika Laschke neben dem Chef der dritten Mordkommission. Ein eingespieltes Team, beide 60. „Unsere Vernehmungsfachangestellte" nennt Hoffmann sie. Selbst so ein Ausdruck kann herzlich klingen. Auf der schwarzen Kaffeetasse des Ersten Kriminalhauptkommissars steht: Anstaltsleitung.

Sie haben im Besprechungsraum, wo die Kommissare sich zweimal täglich zur Beratung treffen, sämtliche Spuren ihres aktuellen Falls beseitigt: Das Whiteboard, auf dem sonst Magneten die Fotos der Opfer und Verdächtigen halten, strahlt leer und weiß. Vor dem Kommissionschef liegt die Akte zum Fall Bohland, samt Strafbefehl und Abschlussbericht. Hoffmann blättert, beginnt zu lesen: „Am 2. Mai 2018 informierte B.s Lebensgefährtin die Polizei …"

Es ist 17.30 Uhr, als sie auf dem Parkplatz einer Laubenkolonie in Lichterfelde das Auto ihres Freundes entdecken. Ein warmer Frühlingstag, Grillschwaden durchziehen die Luft. An der Fahrertür des Autos klebt etwas, das wie Blut aussieht, Bohlands Schlüssel und Brille liegen im Gras.

Guter Ruf. 2010 wechselte Monika Laschke zum LKA 1. Einer ihrer größten Fälle war der Rockerkrieg.

Wird ein Erwachsener vermisst, wartet die Polizei in der Regel erst mal ab, doch das sieht ernst aus. K1, der polizeiliche Sofortdienst, fordert Spürhunde und Hubschrauber an, sucht die Umgebung ab. Die Mordkommission übernimmt am nächsten Tag den Fall.

Die Ermittler rekonstruieren Bohlands letzten Morgen: Um 7 Uhr geht die Freundin zur Arbeit, er hat Urlaub, aber Pläne. Um 7.53 Uhr fährt Bohland zu seiner Hausbank, hebt 1000 Euro ab und überweist, wie immer zum Monatsanfang, seinen Mietanteil aufs Konto der Lebensgefährtin. Um 8.15 Uhr bezahlt er im Supermarkt Lebensmittel, die die Polizei, in Tüten verpackt, später im Kofferraum des Autos findet. Er bringt einen Kühlschrank zum Hof der Berliner Stadtreinigung. Bei seinem Versicherungsberater bleibt er um 9 Uhr aus. Um 8.49 Uhr empfängt der Sendemast im Bereich der

Laubenkolonie, Osdorfer Straße, das letzte Signal. Danach fehlt von Bohland jede Spur.

Acht Kommissare und Kommissarinnen schwärmen aus, befragen „alle Kontaktpersonen", die Lebensgefährtin, Familie, Kollegen, Freunde, arbeiten sich durch die Laubenkolonie. Rund 100 Leute sprechen die Polizisten an, sagt Laschke: „Es war schönstes Wetter. Bei einer Versammlung hielten wir eine kleine Ansprache, baten um Mithilfe."

Das Labor meldet: Die Spur am Auto, es ist Menschenblut.

Am 7. Mai 2018 gibt die Dritte eine Öffentlichkeitsfahndung heraus: „Erwachsener wird vermisst – Polizei bittet um Mithilfe." Von einem Laubenpieper erfahren die Ermittler, dass zum „Tatzeitpunkt" auf der anderen Straßenseite des Parkplatzes ein Arbeiter Gehwegplatten verlegt hatte. Ein Kampf, bei dem Blut fließt und die Brille meterweit geschleudert wird, war für den Mann unmöglich zu übersehen. „Dem war aber auch nichts aufgefallen", sagt Hoffmann.

Das Team versammelt sich, um die Varianten durchzudenken: Eine Entführung? Bohland ist verschuldet. Lösegeld hat niemand gefordert. Suizid? Es gibt keinen Abschiedsbrief, keine Leiche. Dafür aber Blut am Auto und die Schlüssel im Gras.

Ein Unfall? In der Umgebung findet sich keine Spur von dem Schwerverletzten oder Toten. Keiner hat etwas gesehen. Nichts passte so richtig, sagt Hoffmann. „Aber unsere erste Hypothese lautete Raubmord." Er habe schon geahnt, dass dieser „sonderbare Fall" sich als großes Täuschungsmanöver entpuppen könnte.

Um eine Ermittlung einzustellen, brauchen sie aber den Beweis dafür.

Jede Kommission in der Keithstraße ist schon mal zum Opfer einer dieser berüchtigten Nullnummern in der Statistik geworden: Weil alles auf ein Verbrechen hindeutet, ermitteln die Kriminalbeamten unter vollem Einsatz, schicken Suchhunde, Hubschrauber, das SEK los – und stehen am Ende ohne Opfer, Täter, Straftat da. Weil das Verbrechen vorgetäuscht ist oder ein Suizid als solcher nicht erkennbar war.

Egal wie viel Personal eingesetzt, wie lange nach einer Lösung gesucht wird: Gibt es am Ende keinen „echten" Fall, taucht der Einsatz in der Statistik des LKA 11 dann nicht auf. Das Budget gefährdet das nicht, sagt Dezernatschef Andreas Maaß. „So oft kommt das ja nun auch nicht vor." Größer sei die Gefahr für die ermittelnden Kollegen, sich Witzeleien und dumme Sprüche aus den anderen Kommissionen anhören zu müssen.

Wie in diesem verflixten Jahr 2015, als die Dritte drei Mal einen Suizid für ein Verbrechen hielt. Drei Mal ging das Team in Kommission, bündelte alle Kräfte für den Fall, sodass die anderen für sie bei den Rufbereitschaften einspringen mussten – und am Ende kam keine einzige Festnahme dabei heraus. „Das war vor meiner Zeit", sagt Hoffmann. Er hat die Dritte erst zwei Jahre später übernommen.

Etwa 9000 Menschen nehmen sich jedes Jahr in Deutschland selbst das Leben – das sind etwa 25 pro Tag. Drei Viertel der Selbsttötungen werden von Männern begangen. Insgesamt ist die Zahl der Suizide in den vergangenen Jahren deutlich zurückgegangen: 1980 nahmen sich noch rund 50 Personen pro Tag das Leben.

Die am häufigsten gewählte Suizidmethode war sowohl bei Frauen als auch bei Männern die Selbsttötung durch „Erhängen, Strangulieren oder Ersticken". Fast die Hälfte aller Männer stirbt auf diese Weise. Andere entscheiden sich für Wege, die manchmal so unvorstellbar erscheinen, dass die Ermittler den Fall nur durch das Ausschlussprinzip lösen können. Es gibt Verzweifelte, die sich selbst erdrosseln. Männer, die, bevor sie sich vom Hochhaus stürzen, einen Raub vortäuschen, weil sie der Nachwelt nicht als Versager, sondern als tragischer Held in Erinnerung bleiben wollen.

Es ist zwei Uhr nachts, als eine Woche später, am 10. Mai 2018, Hoffmanns Diensttelefon klingelt. Das Lagezentrum meldet: „Herr Bohland ist wieder da."

Der Kollege berichtet knapp, was der Verletzte zu Protokoll gegeben hat, bevor man ihn ins Krankenhaus brachte: Drei Männer, Slawen, hätten ihn vor der Kolonie überwältigt, in einen Transporter gezerrt, ihm eine Papiertüte über den Kopf gezogen. Eine Woche lang war er im Wald in einen Verschlag gesperrt, etwa eine Autostunde von Berlin entfernt.

Man habe ihn gut behandelt, mit Bananen und Wasser ernährt. In weiter Ferne hörte er Hunde bellen. Gestern sei der Transporter wieder vorgefahren. Die Kidnapper hätten ihn gefesselt mitten im Wald aus dem Wagen gestoßen und seien in der nächtlichen Stille verschwunden.

Im Wald findet die Polizei auf einen Kilometer verstreut: seinen zerrissenen Führerschein, den Ausweis, T-Shirt, Schuhe, Socken, ein Cutter- und ein Obstmesser.

Am Telefon behält Hoffmann die Fassung, sagt, danke, da kümmern wir uns morgen drum. „Aber innerlich habe ich laut gelacht." Und überlegt, welcher Film es sein könnte, von dem Bohland sich inspirieren ließ.

Sechs Schritte braucht der Chef der Dritten, wenn er von seinem Schreibtisch ins Vernehmungszimmer schauen will. Manchmal kommt Monika Laschke kurz raus. Weil er neue Ergebnisse von der Kriminaltechnik erfahren hat, die Laschke für ihre Vernehmung braucht. Oder weil sich bei der Befragung eines anderen Zeugen Widersprüche ergeben haben, die die Kommissarin nun klären soll.

Der berufliche Traum von der Mordkommission hat sich für Laschke erst spät erfüllt. Gereizt habe sie das LKA 11 schon als Studentin, dann aber habe sie drei Kinder bekommen, blieb acht Jahre zu Hause, konnte danach lange nur halbtags arbeiten. Mit den Diensten in der Mordkommission, wo jedes Team alle zwei Monate für zehn Tage in Rufbereitschaft geht, wo man manchmal wochenlang auf das Privatleben verzichten muss, war das kaum zu vereinbaren.

Also ging Laschke ins LKA 3, Wirtschaftskriminalität, schlug sich mit Firmengeflechten, Unmengen Papier, Behörden und Verteidigern herum, obwohl das eigentlich nie „mein Lieblingsthema" war. Als die Kinder größer waren, bewarb sie sich in der Keithstraße. Nach vier Jahren Wartezeit wechselte sie 2010 ins LKA 1, Delikte gegen Menschen.

Einer ihrer größten Fälle: der Komplex um den Rockerkrieg. Dabei war die Dritte damals nur 24 Stunden in der Bereitschaft für eine andere Kommission eingesprungen, als der Hells-Angels-Boss seinen Kontrahenten Tahir Ö. am 10. Januar 2014 im Hinterzimmer des Wettbüros „Expect" in Berlin-Reinickendorf mit sechs Schüssen niederstrecken ließ. „Und dann hatten wir dieses Riesending", sagt Laschke.

Als die ersten Verdächtigen, baumhohe harte Kerle, muskelbepackt und tätowiert, sich vor ihr im Vernehmungszimmer niederließen, habe sie damals schon ge-

Der Fantast. *Dennis Bohland insistiert eher halbherzig, bevor er gesteht.*

schluckt, gedacht: „Puh, kleine Moni – und du jetzt hier." Später verbrachte sie ganze Tage bei dem Prozess im Berliner Landgericht, bei dem fast zwei Dutzend Verteidiger ihre Arbeit im Zeugenstand hinterfragten.

Am Morgen sind sich bei der Dritten alle einig: Moni, den nimmst du dir direkt zur Brust! Was soll man mit diesem Fantasten ewig tanzen, sich verstellen und so tun, als ob man ihn ernst nehme, ihn sich selbst widersprechen lassen, um ihn so der Lüge zu überführen?

Bohland schluckt, als er hört, dass ihm keiner glaubt. „Er wirkte aber gefasst", sagt Laschke. Sitzt aufrecht im Bett mit dem Kissen im Nacken, insistiert eher halbherzig, bevor er gesteht: „Sie haben ja recht: Ich habe mir das ausgedacht."

Ein spontaner Entschluss, sagt Laschke. Es war ihm plötzlich von allem zu viel: den Schulden, der Freundin, seinen ewigen Halbwahrheiten. „Ich brauchte eine Auszeit." Also pulte er sich von einer alten

Wunde den Schorf, schmierte das Blut an die Autotür. Warf Schlüssel und Brille ins Gras, das Handy in den Müll und fuhr mit 600 Euro in der Brieftasche zum Zentralen Omnibusbahnhof, wo die erste Fahrt Richtung Nürnberg ging. Bevor er sich dort für sein ruhiges Plätzchen im Wald entschied, kaufte er Zelt und Schlafsack und, weil er so ungemütlich lag, später eine Isomatte.

Mit dem Geld lief seine Auszeit aus. Dafür hatte er sich einen Plan zurechtgelegt. Im Grunewald verteilte Bohland alles, was er am Körper trug, fesselte sich dann selbst mit Klebeband, vergaß dabei, dass er sich, um die Geschichte der Entführung auszumalen, noch verletzen wollte. Also löste er die Hände, robbte zu einem Baum, hielt das Messer zwischen Stamm und Rücken, ließ sich in die Klinge fallen. Laschke lächelt noch heute ein wenig verwundert, wenn sie sagt: „Er erzählte, es ging ganz leicht."

Und Laschke? Redete dem Mann ins Gewissen. Sprach nicht nur über Aufwand, Kosten, Schulden, sondern auch über die Sorge seiner Freundin, Liebe und Ehrlichkeit in der Beziehung. Am selben Tag stellte sie im Namen der Polizei eine Strafanzeige. Dennis Bohland wurde wegen Vortäuschens einer Straftat zu 7800 Euro Geldstrafe verurteilt.

Ein Jahr danach lag im Postfach der Mordkommission eine Hochzeitsanzeige samt Einladung für das ganze Team zur Feier. Als Dank für den ehestiftenden Einsatz. Die Kopfwäsche der Kommissarin habe Dennis Bohland zur Vernunft gebracht. Die Einladung schlug die Dritte aber aus.

*Der Name des Beschuldigten wurde geändert

Blöde Sprüche. *Dezernatschef Andreas Maaß kennt die Gefahr, dass ein Fall zur Nullnummer wird.*

„Das Lösegeld wollten die beiden teilen"

Nicht immer ist eine Entführung tatsächlich passiert: Manchmal wird sie auch bloß vorgetäuscht. Ermittler berichten über ihre sonderbarsten Fälle

Jede Berliner Mordkommissionen hat es schon erlebt: Alles deutet auf ein Verbrechen hin, doch am Ende gibt es kein Opfer, keinen Täter, nicht einmal eine Tat. Die folgenden Beispiele zeigen, was am Ende stattdessen aufgedeckt wird.

Der Unbekannte, der vom Himmel fiel
An einem Frühlingsmorgen im April 2007 entdecken Passanten einen Toten an der Friedrichshainer Helmerdingstraße: 1,80 groß, 75 Kilogramm schwer, schwarze Jacke, Jeans, keine Papiere. Die Leiche liegt auf dem Rücken, die Arme leicht angewinkelt. Die Kopf- und Gesichtsverletzungen des Mannes deuten darauf hin, dass er aus großer Höhe gestürzt sein muss. „Doch da stand weit und breit kein Haus", sagt Bernhard Jaß, Erster Kriminalhauptkommissar und Chef der sechsten Mordkommission. Für einen Autounfall ist die Straße zu weit weg.

Der Tatortmann findet Schleifspuren, die vom Gehweg zur Leiche führen. Der Leichenfundort ist nicht der Ort, wo der Mann gestorben ist. Die Sechste übernimmt den Fall des Unbekannten, der offenbar vom Himmel fiel.

Zu den Fingerabdrücken des Toten gibt es einen Treffer in der Datenbank: Igor Popow, 53, Ukrainer. Ein Asylbewerber, dessen Antrag gerade abgelehnt worden war, vorbestraft wegen Schwarzarbeit. In seiner Jeans finden die Ermittler einen Zettel mit Telefonnummern von Verwandten und Bekannten. Keiner weiß, wo er zuletzt gearbeitet hat. Klang irgendwie nach Bauernhof, sagen sie.

Eine heiße Spur kommt aus dem Drogendezernat. Die Ermittler berichten, dass in der Szene Gerüchte kursierten, ein 39-jähriger Ukrainer könnte mit dem Tod in Verbindung stehen. Es heißt, der betreibe irgendwo in Deutschland eine Cannabisplantage. Der 39-Jährige wird observiert. Dass er regelmäßig nach Sachsen fährt, auf einen Vierseithof in der Nähe von Grimma, genau an den Ort, wo das Handy des Opfers regelmäßig eingeloggt war, genügt den Mordermittlern, um einen Durchsuchungsbeschluss zu erwirken.

Das ganze Team der Sechsten – acht Leute und der Chef – fährt nach Sachsen, Sachsendorf, um bei der Festnahme dabei zu sein. Zwei Monate harte Arbeit liegen hinter ihnen. Nun geht es los, das SEK vorneweg.

Eine Mörderbande hebt die Sechste nicht aus. Dafür aber eine „hochprofessionelle Cannabisplantage" mit 4800 Pflanzen. Der Verkaufswert liegt geschätzt bei mehr als einer Million Euro. An einem zweistöckigen Wohngebäude finden die Ermittler eine Blutlache, vier Meter von der Hauswand entfernt.

Die Ermittler stoßen auf einen Mann, der mit Igor Popow auf dem Hof gearbeitet hat. Er berichtet, dass sein Kollege in den letzten Wochen immer sonderbarer geworden sei, Zeichen einer schweren Depression zeigte. Eines Tages habe Popow sich die Augenbrauen abrasiert und mit einem

Messer das Gesicht zerschnitten. Als sein Asylantrag abgelehnt wurde, schien er alle Hoffnung zu verlieren.

Am 12. April hatte der Zeuge Igor Popow auf den Steinen liegen sehen. Tot. Das Fenster im zweiten Stock weit geöffnet. Der Plantagenbetreiber, der den Suizid schlecht melden konnte, hatte die Leiche in den Kofferraum seines Autos gehoben und war aus unerfindlichen Gründen über die A9 in die Helmerdingstraße gefahren. Für die schweren Verletzungen gab es für Gerichtsmediziner Michael Tsokos nur eine Erklärung: Das Opfer musste im Flur Anlauf genommen haben, im vollen Lauf durch das Fenster gesprungen sein, die Hände auf dem Rücken gefaltet. Der Schädel von Igor Popow wurde auf dem Pflaster zertrümmert.

Eine entführte Tochter unter Drogen
Zugriff! Es ist 0.15 Uhr, als die SEK-Beamten an der Gustav-Langenscheidt-Schule den mutmaßlichen Entführer überwältigen. Eher ein Junge als ein Mann, schmal, dunkles Haar. Während sie ihm die Handschellen anlegen, fällt der Packen mit dem Lösegeld neben ihn aufs Pflaster. 10 000 Euro.

Zwei Tage lang hat der Fall nicht nur die zweite Mordkommission beschäftigt, sondern auch Dutzende Beamte aus den Direktionen und Spezialabteilungen. Am Tempelhofer Damm hatte die Polizei, wie bei einem erpresserischen Menschenraub üblich, einen Führungsstab eingerichtet, um das Leben der 13-jährigen Zeinab Nahar zu retten.

Das Mädchen verlässt am 24. April 2019 um 18.30 Uhr die Wohnung der Eltern, um ins Sportstudio zu gehen. Als sie nach Mitternacht ausbleibt, erstattet ihr Vater

Bernhard Jaß. *Erster Kriminalhauptkommissar und Chef der sechsten Mordkommission*

eine Vermisstenanzeige bei der Polizei. Am nächsten Abend passen Mohamed Nahar drei Männer vor der Haustür ab: Sie verlangen 25 000 Euro für das Leben der Tochter. Nahar gibt ihnen 4000 Euro, alles, was er gerade verfügbar hat. Am Abend blinkt das Handy von Zeinabs Mutter, kündigt eine Nachricht und ein Erpresservideo an.

Ihre Tochter sitzt gefesselt, mit verbundenen Augen an einer Wand auf dem Boden und wird offenbar gefoltert, immer wieder mit Wasser überschüttet. Später ist Zeinab selbst am Telefon, sagt, dass sie in einem Wald im Saarland von einer Bande, die sich „S10" nennt, festgehalten wird. Die Entführer würden sie immer wieder chemisch betäuben.

Den Ermittlern gelingt es nicht, Zeinabs Aufenthaltsort zu lokalisieren, um sie zu befreien, ohne ihr Leben zu gefährden. „Darum haben wir uns für eine Festnahme im Rahmen der Geldübergabe entschieden",

sagt Ingo Kexel, Chef der Zweiten. Zeinabs Eltern trifft nach der Festnahme der zweite Schock: Der junge Mann, der da gefesselt auf dem Asphalt liegt, ist Kamal Abadi, der 18-jährige Freund ihrer Tochter. In seinem Zimmer im Flüchtlingswohnheim finden die Ermittler Zeinabs Trainingsanzug, ein Fernglas, die Augenbinde. Der Boden ist noch feucht. Kexel sagt: „Das Lösegeld wollten die beiden teilen und dann persönlich verbrauchen."

Ihre Liebe ist auf einer Lüge erbaut

Es ist der 13. November, 11.15 Uhr, als drei Ermittler der achten Mordkommission die Wohnungstür von Lenny Sechatzky eintreten. Die Kriminalbeamten verdächtigen den Arbeiter, für das Verschwinden einer 15-jährigen Schülerin verantwortlich zu sein. Mehr als zwei Monate zuvor hatten Zeugen Svenja Merten zuletzt gesehen. „Da bis zu diesem Zeitpunkt keinerlei Lebenszeichen von ihr existierte, war es wahrscheinlich, dass das Mädchen nicht mehr am Leben ist oder von ihm festgehalten wird", sagt Uwe Isenberg, Chef der Achten.

Am 19. Oktober erfährt die Öffentlichkeit von dem Fall: „Die Polizei bittet die Bürger um Mithilfe", heißt es in der Pressemitteilung. Seit dem 27. September 2016 werde die Schülerin aus Mahlsdorf vermisst. Das Mädchen verließ gegen 15 Uhr das Wohnheim „Haus Mahlsdorf" und sollte um 20 Uhr zurück sein. Die Mordkommission übernimmt den Fall am 10. November 2016, als Lenny Sechatzky ins Visier der Ermittler gerät. Er hatte am Tag des Verschwindens mehrfach mit dem Mädchen telefoniert, die Polizei aber nicht in die Wohnung gelassen, als sie an einem Tag im Oktober bei ihm klingelte.

Svenja lebt seit ein paar Wochen in einer betreuten Wohngruppe. Die 15-Jährige

Nirgendwo in Asien. *Kriminalhauptkommissar Holger Lietz kann die Täter nicht ermitteln.*

leidet unter der Trennung ihrer Eltern, die den Ermittlern keine große Hilfe sind. In der Schule findet sie kaum Freunde, sucht über Online-Spielportale Kontakte zu Männern, die um die 30 sind. Mit Lenny Sechatzky telefonierte sie seit dem 1. Juni, beim ersten Mal zwei Stunden und 15 Minuten lang. Auch am Tag ihres Verschwindens telefoniert und chattet sie ununterbrochen. Mit einem Freund am Ostbahnhof, einer Freundin am Bahnhof Wannsee und um 21.53 Uhr mit Lenny Sechatzky am Bahnhof von Dessau. Hier wird später ihr Portemonnaie gefunden. Ab 22.14 Uhr bleibt ihr Telefon für immer aus.

Die Ermittler rechnen mit dem Schlimmsten, als sie den 31-Jährigen in seiner Wohnung überwältigen. Er sitzt im Funkwagen, als der Tatortmann beginnt, sich oben umzuschauen, nach ersten Spuren und Beweisen sucht. Im Schlafzimmer öffnet er den Schrank. „Und bekommt den Schreck seines Lebens", sagt Isenberg. Vor ihm

hockt Svenja und starrt ihn an. Sie lebt, ist unverletzt, nicht gefesselt.

Das Mädchen setzt sich aufs Bett, um dem Ermittler von den Zukunftsplänen mit Lenny zu erzählen. Sie werde bei nächster Gelegenheit „abhauen" oder „Selbstmord" begehen, wenn man sie nach Berlin zurückschaffe. Sechatzkys Wohnung ist in Himmelstadt bei Würzburg. Ihre Liebe ist auf einer Lüge erbaut. Dem 31-Jährigen erzählte Svenja, keine Eltern mehr zu haben. Nachdem sie untergetaucht war, wohnten sie in Himmelstadt zusammen, er sorgte für ihren Unterhalt. Sex hätten beide nicht gehabt, sich nur gestreichelt, geküsst und ihre Zukunft geplant.

Am 23. November verfasst Isenberg seinen Schlussbericht: „Der Vorgang wird als ‚keine Straftat' abgeschlossen."

Eine Drohung von staatlicher Stelle
Kein Zweifel, bekräftigt die Mutter in Schanghai: Das ist ihre Tochter, die auf den Fotos gefesselt, mit verbundenen Augen, Blutspuren im Gesicht, zu sehen ist. Und das ist Jinjin Zhangs Stimme, die da fleht, auf die Forderungen der Geiselnehmer einzugehen. Sie verlangen zwei Millionen Yuan, etwa 270 000 Euro. Der Kidnapper spricht Mandarin. Seine Botschaften schickt er über das in China weitverbreitete Chatprogramm WeChat.

Die Eltern versuchen, ihre Tochter in Berlin zu erreichen, wo die 21-Jährige seit Februar 2018 im Auslandssemester Germanistik studiert. Keiner hat Jinjin Zhang seit dem 13. Juni gesehen. Die erste Mordkommission hat Rufbereitschaft, der Fall wird ihr Fall, als die Eltern eine Kommilitonin bitten, bei der Berliner Polizei Anzeige zu erstatten.

Kriminalhauptkommissar Holger Lietz, 44 Jahre alt, steht vor der Entscheidung: Erst mal abwarten und weitere Informationen sammeln? Oder gleich das große Besteck mit Dutzenden Polizeikräften, Verhandlern und Einsatzkommando? „Bei einer Entführung ist nicht immer gleich erkennbar, ob es sich um eine tatsächliche Tat handelt oder ob diese nur vorgetäuscht ist", sagt Lietz, damals stellvertretender Leiter der ersten Mordkommission, heute ihr Chef.

Als die Ermittler mit Schanghai Kontakt aufnehmen, erfahren sie, dass die Eltern die Geiselnehmer auf 1200 Euro herunterhandeln konnten. In der folgenden Nacht meldet sich Jinjin Zhang bei ihrer Freundin. Sie befinde sich im Hotel Klassik in Friedrichshain – und sei wohlauf.

Die Erste bringt Jinjin Zhang in die Keithstraße, um sie zu befragen. Ohne Umschweife beginnt sie zu gestehen: Sie sei in den vergangenen Wochen immer wieder von chinesischen Behörden angerufen und informiert worden, dass ihre persönlichen

Daten in China missbräuchlich verwendet wurden, unter anderem bei einem Geldwäschevergehen und einer Entführung. Die Anrufer gaben sich als Mitarbeiter des Konsulats, der Polizei und des Amts für öffentliche Sicherheit in Peking aus.

Um den Entführungsfall zu überprüfen, wurde Jinjin Zhang aufgefordert, sich selbst als Opfer zu inszenieren und die Aufnahmen an die staatlichen Stellen zu schicken. Andernfalls drohe der Entzug ihres Studentenvisums und das Einfrieren ihrer Gelder.

Jinjin Zhang besorgte die Requisiten, sperrte sich in ein Hotelzimmer, um wie geheißen Qualen und Verletzungen vorzutäuschen. Das Visum hatte ihre Familie mühsam erspart. Die Zhangs sind kein Einzelfall, sagt Lietz. „Wir fanden heraus, dass Fälle mit einem ähnlichen Modus Operandi in Kanada, Australien, Neuseeland und Großbritannien existieren." Die Täter, die im asiatischen Raum sitzen, brachen ihre Kommunikation sofort ab und konnten nie ermittelt werden.

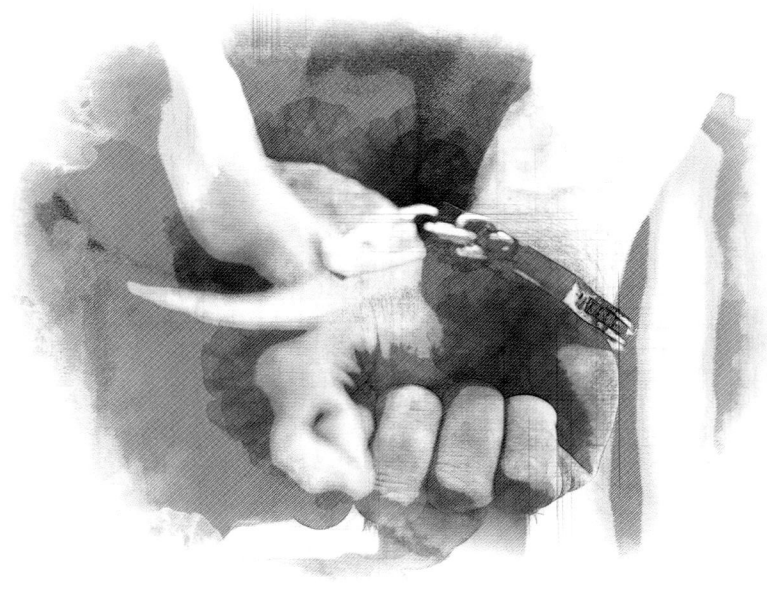

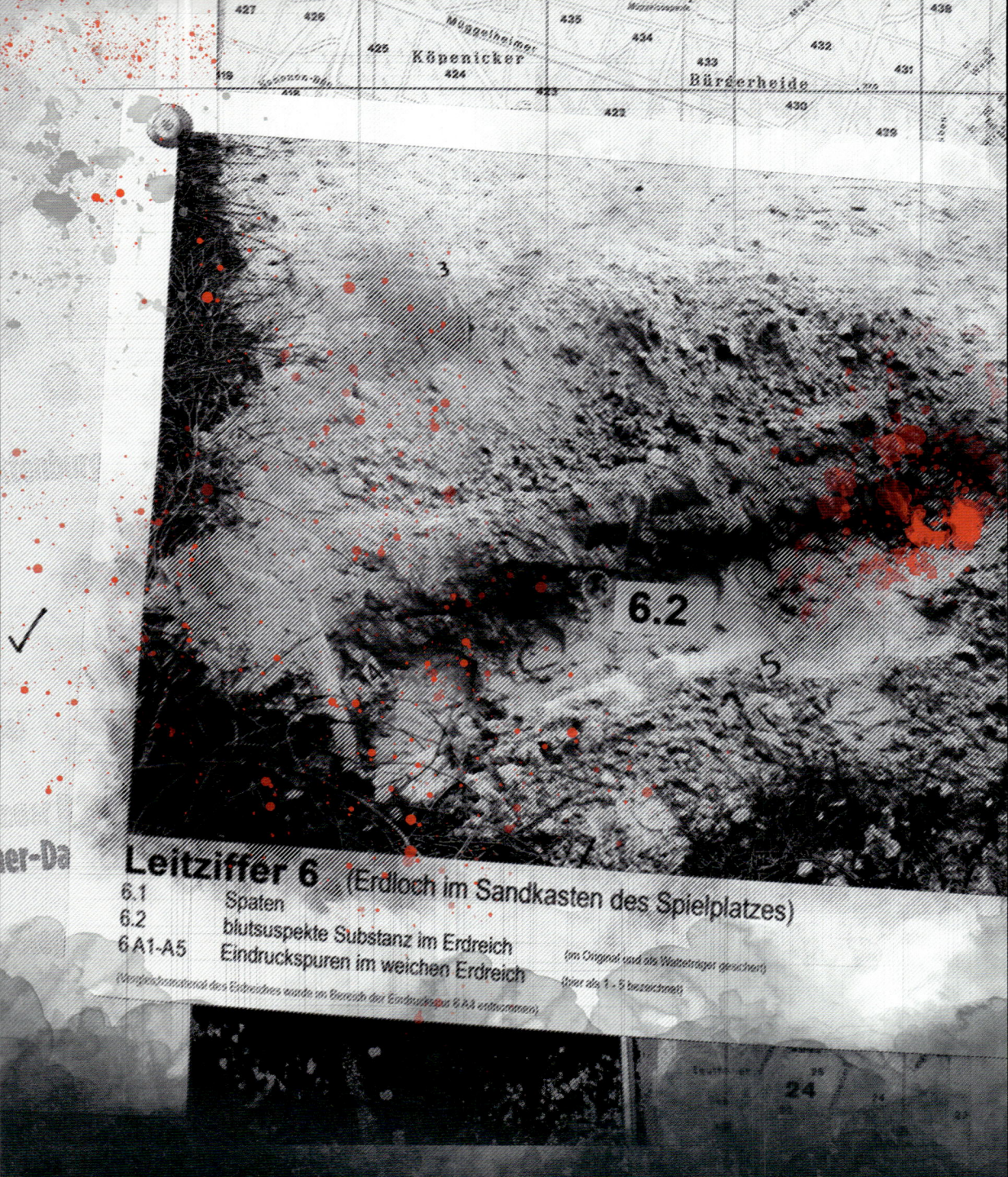

427 426 435 434 432
425 Köpenicker 433 431
424 Bürgerheide
119 423 430
423 429

3

6.2

5

✓

Leitziffer 6 (Erdloch im Sandkasten des Spielplatzes)

6.1 Spaten
6.2 blutsuspekte Substanz im Erdreich (im Original und als Watteträger gesichert)
6 A1-A5 Eindruckspuren im weichen Erdreich (hier als 1 - 5 bezeichnet)

(Vergleichsmaterial des Erdreiches wurde im Bereich der Eindruckspur 6 A4 entnommen)

24

Der Spurenleser

Ein weiblicher Leichnam auf dem Gehweg, im Schlafsack, mit zerschlagenem Gesicht und voller Blut – in einer Februarnacht macht sich Tatortexperte Thomas Bordasch an die Arbeit. Einen Job wie seinen gibt es nur in Berlin. Manchmal muss er sich dafür im Bundestag rechtfertigen

Die berufliche Zukunft von „Tom" Thomas Bordasch entscheidet sich am 20. März 1996 nach einer Schießerei der vietnamesischen Zigarettenmafia in der Flämingstraße, Berlin-Marzahn. Als der junge Kommissar auf dem Asphalt kniet, sich mit beiden Händen in einer Lache aus Blut und Gehirn vortastet, nach den fünf Projektilen sucht – und nichts außer Erkenntnisinteresse verspürt. Es ist sein erster Einsatz als Tatortmann der Berliner Mordkommission. „Wenn man das einmal macht, wird man es meist nicht mehr los."

25 Jahre her, Bordasch ist gerade 50 geworden. Er ist schon als Anwärter da angekommen, wo sich andere ihre ganze Karriere lang hinwünschen: LKA 1, Delikte am Menschen, Morddezernat. 90 Mitarbeiter verteilen sich im dritten und vierten Stock, etliche kennen sich seit Jahrzehnten. Mord und Totschlag jeden Tag, wer das aushält, will hier nicht mehr weg. „Tom hier", so meldet Bordasch sich am Telefon.

Keinen Tatort hat er vergessen, erinnert sich an die Details. Das Bett, in dem die Leiche lag. Die zerknüllten Laken. Das blutige Messer im Wandschrank, im dritten Fach von unten. Hat sich alles eingebrannt. „Das

ist, als wenn man 'ne Wohnung auswendig lernt."

Wenn Bordasch auf einen Blick sehen will, in welche Gegenden ihn Gier, Hass, Neid, Wut und Elend verschlagen haben, holt er Schwung auf seinem Drehstuhl. Hinter ihm hängt, wie in den meisten Büros der Mordkommission, ein Stadtplan. Nur dass die Berlin-Karte von Tom Bordasch mit Dutzenden Stecknadeln gespickt ist. Es sind die Tatorte seines Lebens.

Die schwarzen Köpfe stehen für vollendete Delikte, gelb für die Versuche, lila für die Opfer der Zigarettenmafia in den 90er Jahren. Zwölf schwarze Köpfe stecken auf dem Breitscheidplatz, wo die Stadt der erste islamistische Anschlag ihrer Geschichte traf.

Wenn die örtliche Direktion die Kommissare informiert und Bordasch im M-Bus, dem Mordbus, einem grauen Mercedes-Transporter, an der Flatterleine vorfährt, wissen die Schutzpolizisten, die Kriminaltechniker, Gerichtsmediziner und Polizeifotografen: „Alles hört am Tatort auf mein Kommando."

Die Tatortleute, also Mordermittler, die sich auf das Sichern der Spuren, die Sach-

Wir haben gute Arbeit geleistet. *Thomas Bordasch, 50, der Tatortmann*

beweise, spezialisiert haben, sind ein Berliner Spezifikum. Als Kriminalbeamte in die Ermittlungen fest eingebunden, können sie gegebenenfalls gleich an Ort und Stelle überprüfen, ob die neueste Theorie auch den Fakten standhält.

In anderen Bundesländern übernimmt die Kriminaltechnik, die KTI, den Tatort und übergibt ihre Ergebnisse direkt an das Gericht.

Ein Tag Ende April 2021. Bordasch sitzt im Zimmer seines Chefs, siebte Mordkommission. Thomas Behle ist 52 und damit, wie er sagt, „noch das Fohlen unter den Leitern". Eine Personalrotation habe ihn per Zufall 2018 hierher in die Keithstraße gespült, nachdem er erst Brand-, später Sexualdelikte aufgeklärt hatte.

„Ich brauche jemanden, auf den ich mich am Tatort verlassen kann", sagt Behle. Einen

Experten wie Bordasch, der anhand seines Wissens und seiner Erfahrung die wesentlichen Spuren erkennen und gewichten könne.

Ein Beispiel? „Da gibt's viele", sagt Behle und fängt an, über den Einsatz in der Bergstraße, Mitte, am 10. Februar 2020, zu erzählen:

Es ist ein Montag, am nächsten Morgen, 7.30 Uhr, hätten sie die zehn Tage Rufbereitschaft hinter sich, da klingeln um 22 Uhr bei den neun Ermittlern zu Hause die Telefone: In der Bergstraße liegt eine Tote auf dem Gehweg, unbekleidet in einem Schlafsack. Der Chef lässt ausrichten: „Wir treffen uns zur ersten Besprechung in der Keithstraße."

Ein Zeuge hatte gegen 21 Uhr das Bündel in einer Einfahrt liegen sehen und zwei polnisch sprechende Männer angesprochen, dem Anschein nach obdachlos, die danebenstanden. Was da drin sei, wollte der Zeuge wissen, öffnete den Reißverschluss und blickte in das zerschlagene Gesicht der Toten. Während er versuchte, die Frau zu reanimieren, verschwanden die Männer in Richtung Torstraße.

Die K1-Ermittler, das Referat Kriminalitätsbekämpfung der örtlichen Direktion, haben mit der Tatortarbeit begonnen. Die Straße abgesperrt, erste Zeugen befragt. Männer in den weißen Anzügen der Spurensicherung kämpfen mit den letzten Ausläufern des Orkans Sabine, als sie versuchen, ein Zelt rund um die Leiche aufzubauen, um Beweise vor Regen und Wind zu retten.

Kurz bevor die Siebte gegen 23.45 Uhr eintrifft, bemerkt eine Polizistin zwei verdächtige Männer, die sich wankend dem Blaulicht nähern. Sie sprechen polnisch, deuten aber an, Flaschen sammeln zu wollen. Tüten mit Leergut haben sie nicht dabei. Die

Beamten nehmen die schwer Betrunkenen fest, die sich ohne Gegenwehr in getrennte Funkwagen bugsieren lassen.

Bordasch versorgt sich mit dem Nötigsten aus dem Mercedes-Transporter: Anzug, Maske, Handschuhe, Überzieher. „Unsere Aufgabe ist es, herauszufinden, was am Tatort passiert und wie es passiert ist. Wir suchen nach Spuren der Tat und des Täters."

Der M-Bus zählt zu den Erfindungen des legendären Kriminalkommissars Ernst Gennat, der die Zentrale Mordinspektion in Berlin am 1. Januar 1926 gegründet hat. Das einzige Fahrzeug beim LKA, das rund um die Uhr mit einem Fahrer besetzt und mit allem bestückt ist, was man für die Spurensicherung brauchen kann.

0.28 Uhr: Die Kriminaltechnik rollt in ihrem Transporter an. Bordasch achtet darauf, dass sie so wenig wie möglich von den ersten Erkenntnissen erfahren. „Subjektives Wissen versperrt oder verzerrt die Sicht auf objektive Spuren."

Die Beamten der Spurensicherung verpacken die Hände der zwei Festgenommenen in braune Papiertüten, um DNA-Spuren zu sichern, kleben sie dann an den Handgelenken mit Tape ab. Sie werden zum ED, zur erkennungsdienstlichen Behandlung, überführt: Blut, Urin, Fingerabdrücke, Fotos.

Die Zeit drängt: Sollte sich der Tatverdacht gegen die Festgenommenen erhärten, müssen die Ermittler bis Dienstag 16 Uhr so viel Material sammeln, dass es für einen Haftbefehl reichen könnte.

Die Zeit drängt. Das Zelt rund um die Leiche in der Bergstraße in Mitte, Beweise müssen vor Regen und Wind gerettet werden.

Das Team teilt sich auf: Wer kümmert sich um die Zeugen? Wer vernimmt die beiden Verdächtigen noch heute Nacht in der Keithstraße? Wer hört sich in der Obdachlosenszene um?

Mit Halogenscheinwerfern leuchten die Kriminaltechniker das Zelt mit der Toten und den Hof aus. „Für uns ist der Leichnam jetzt nur noch eine Spur." Bevor der Tatorttrupp beginnt, den Leichnam mit Dutzenden Folienstreifen abzukleben, um Fasern und Fusseln zu sichern, bauen die Kriminalbeamten das Stativ mit der Spheronkamera in der Mitte des Tatorts auf.

Die 360-Grad-Kamera und der 3D-Laser-Scanner gelten als die fortschrittlichsten Werkzeuge am Tatort. Früher mussten die Tatortleute alles per Hand vermessen und in Skizzen einzeichnen, brummelten fortwährend in ihr Diktiergerät, um später keine Details auszulassen. Mit der neuen Technik können sie Rundumbilder aufzeichnen und dreidimensionale Modelle erstellen. Wird eine aktuelle Aufnahme des gesamten Areals benötigt, schicken sie eine Drohne in die Luft.

Die Spheronkamera friert in der Bergstraße den Moment ein. Mit einer Million Laserpunkten pro Sekunde kartografiert der Scanner die Umgebung millimetergenau, die Kippen im Rinnstein, die Schotterkiesel in der Einfahrt, sogar kleinste Glassplitter sind später erkennbar. So kann Bordasch auch nach Wochen Entfernungen und Schussverläufe bestimmen, Tatabläufe rekonstruieren.

Die Vermesser der KTI bereiten die Daten auf. An Bordaschs Computer in der Keithstraße werden die Aufnahmen zu einem großen virtuellen Panorama zusammengerechnet, in dem sich die Ermittler bewegen

Das Fohlen unter den Leitern. Thomas Behle, 52, *Chef der siebten Mordkommission.*

können. So lässt sich dann beispielsweise auch der Blickwinkel des Zeugen aus der Bergstraße genau nachstellen.

Während Bordasch wartet, dass Kamera und Kriminaltechniker fertig werden, damit er „richtig kramen" kann, schaut er sich vorsichtig am Tatort um. Geht die Auffahrt zu einer Baracke hoch, in der die Männer hausten, inspiziert Schleifspuren, späht durch die trüben Fenster.

Neben einer Matratze auf nacktem Beton fand die Unbekannte ihren Tod. Behle sagt, dass sie zu dem Opfer bis zum Schluss „erschreckend wenig" erfahren. Die Frau heißt Inese P., ist 53, eine Einzelgängerin. Die ehemalige Putzfrau kommt aus Litauen, lebte die letzten Jahre auf der Straße.

Es ist wohl das, was man Intuition nennt, was Bordasch am nächsten Morgen dazu bringt, den von den Zeugen beschriebenen

Fluchtweg der Verdächtigen abzulaufen. Im nahen Heinrich-Zille-Park entdeckt der Kriminalhauptkommissar auf einem Spielplatz ein ausgehobenes Grab am äußeren Rand der Buddelkiste, eine Schaufel.

Bordasch ruft bei den Kollegen in der Keithstraße an. „Schickt mir mal ein Foto von den Sohlen der beiden rüber." Ein Abdruck passt zu den Schuhen des jüngeren Obdachlosen.

Die Obduktion ergibt, dass Inese P. an ihrem Blut erstickt ist. Ihre Leiche ist mit DNA-Spuren beider Männer übersät. Die Form der Blutspritzer am T-Shirt weist darauf hin, dass der Frau ins bereits blutende Gesicht geschlagen wurde.

Im Juli 2020 beginnt vorm Berliner Landgericht der Prozess gegen die Polen, 42 und 35 Jahre alt. Die Bilder aus der Spheronkamera präsentiert Bordasch dort nicht. Die beiden Obdachlosen werden wegen Körperverletzung mit Todesfolge zu fünf beziehungsweise sechs Jahren Haft verurteilt.

Technisch möglich wäre es, in der Praxis bleibt es bislang Theorie. Bordasch und seine Kollegen träumen davon, eines Tages im Gericht statt ihres dicken Tatortbandes nur noch eine Disc abgeben zu können. „Aber bislang treten fast immer alle an die Richterbank, um dicke Lichtbildmappen Foto für Foto durchzublättern."

Dass der Fall aus der Bergstraße ein besonderer für Bordasch war, sieht man schon daran, dass er das Foto von dem ausgehobenen Grab an den Rand seines Stadtplans gepinnt hat. Es war Glück, dass der Orkan in der Nacht den Fußabdruck auf dem Spielplatz verschonte.

Zur Witterung pflegen die Spurensicherer ein spezielles Verhältnis. Sie versuchen sie, so gut es geht, zu ignorieren, wenn sie sich in luftdichten Faserschutzanzügen in der Gluthitze des Sommers über den Asphalt der Großstadt und durch stickige Wohnungen arbeiten. Manchmal aber helfe auch das nicht mehr, sagt Bordasch.

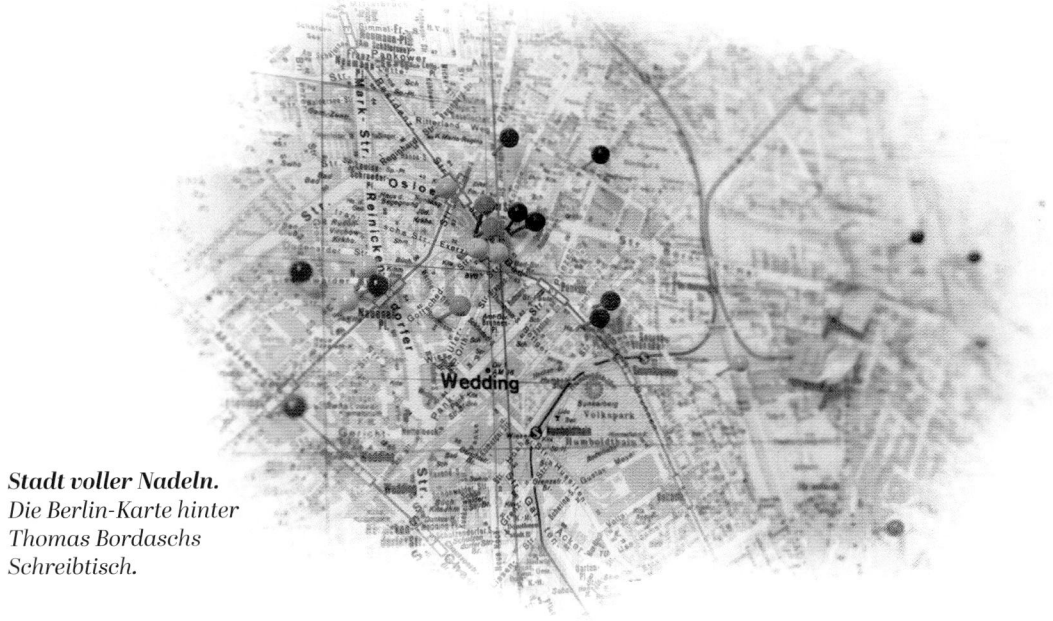

Stadt voller Nadeln.
Die Berlin-Karte hinter
Thomas Bordaschs
Schreibtisch.

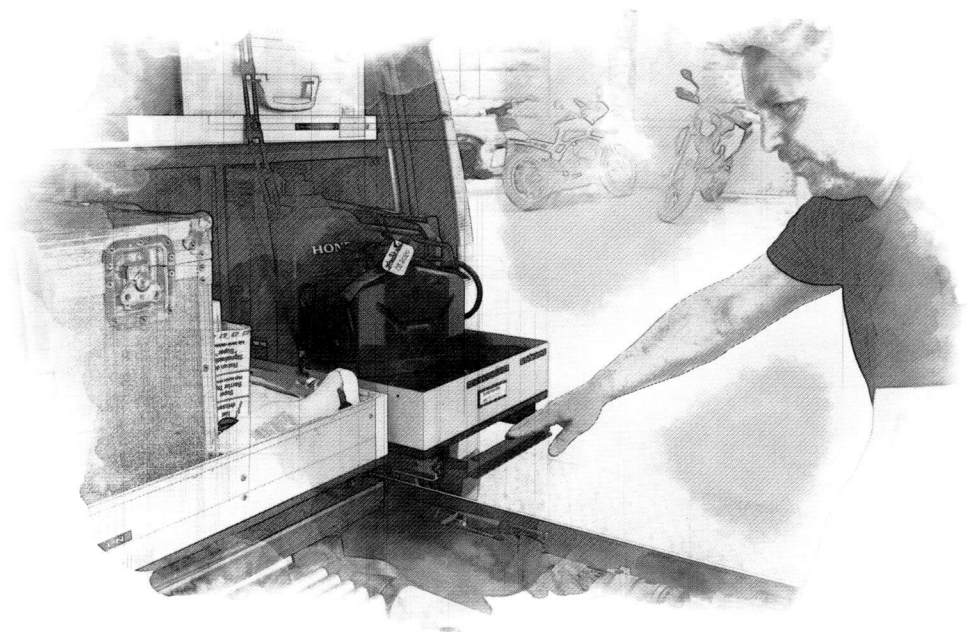

Der M-Bus. *Der Mordbus, rund um die Uhr mit einem Fahrer besetzt und mit allem bestückt, was für die Spurensicherung nötig ist.*

Wie bei der Messerstecherei am Strand des Saatwinkler Damms. Ein junger Mann sank tot im Sand zusammen, als ein Gewitter losbrach, bevor die ersten Polizisten etwas retten konnten. Bordasch erwartete ein Tatort, der aussah, als sei gerade ein Tennisplatz abgezogen worden. „Da war gar nix mehr." Den Fall mussten die Kollegen über Zeugen lösen.

Einen Satz kennen die von Bordasch besonders gut: Wenn er eines in den letzten 25 Jahren gelernt habe, dann, dass man selbst die krudeste Theorie nicht gleich verwerfen sollte. Sein Mantra laute: „Es gibt nichts, was es nicht gibt."

Bordasch ist in Neukölln geboren und aufgewachsen, später mit der Familie an den Stadtrand gezogen. Bordasch mag große, also gewaltig große Hunde, fährt auch bei Minustemperaturen mit dem Motorrad zur Arbeit.

1995 ist Bordasch, der Spuren schon im Studium spannend fand, direkt von der Fachhochschule noch als Auszubildender in die Keithstraße zur Neunten gekommen. Die Mordkommission war gerade gegründet worden, um die Morde der vietnamesischen Zigarettenmafia aufzuklären. Fast 40 Menschen kostete der Krieg der Syndikate in den 90er Jahren das Leben.

Die Erfahrung sei heute sein größtes Pfund, sagt er. Der Rest sei „Akribie und ein Näschen".

Ganz früher, da hieß es, wenn einer nicht so recht mit Menschen konnte, Zeugen, Opfern und Beschuldigten: Mach du mal den Tatort!

Heute, wo Spuren im Mikrobereich den Beschuldigten überführen oder entlasten können, der Sachbeweis vor Gericht eine immer größere Rolle spielt, sind es oft die

Tatortleute, die die Fälle lösen. „Der Fortschritt im DNA-Bereich war ja wahnsinnig in den letzten 20 Jahren", sagt Bordasch. Behle fügt hinzu: „Die immer feinere Technik ist Fluch und Segen zugleich. Sie erhöht die Gefahr einer Trugspur."

Bordasch sagt: „Ich habe selbst ein großes Talent, eigene Spuren zu setzen."

Wie nach dem Mord im Kleinen Tiergarten, wo am 23. August 2019 der Georgier Selimchan Changoschwili mutmaßlich im Auftrag eines russischen Geheimdienstes erschossen wird. Es ist kurz nach 12 Uhr, als sich dem Opfer ein Mann auf einem Fahrrad nähert und ihn mit zwei Schüssen aus naher Distanz in Kopf und Rücken tötet. Am helllichten Tag mitten in Moabit, unter den Augen von Spaziergängern, Passanten, die am Imbiss oder der Bushaltestelle anstehen.

Andere Zeugen beobachten den mutmaßlichen Mörder wenig später dabei, wie er die Tatwaffe, Basecap, sein Fahrrad und eine Perücke in die Spree wirft.

Der Fall führt zu internationalen Verwicklungen. Seit Oktober 2020 läuft vor dem Berliner Kammergericht der Prozess, das Urteil wurde mehrfach verschoben. Bordasch sagt: „Das war ein vergleichsweise simpler Tatort: ein Leichnam und ein paar Blutstropfen."

Eine Woche lang waren die Ermittler einem Phantom hinterhergerannt, dem geheimnisvollen Unbekannten, nachdem im Labor an Tatmunition und Basecap zunächst Spuren gefunden wurden, die nicht zum Verdächtigen passten.

Das DNA-Profil ging als P001 in die Akten ein, bis Bordasch das Labor bat, sein eigenes Profil mit der Probe abzugleichen. „Ich hatte

trotz Maske, luftdichtem Faseranzug und Handschuhen beim Trocknen der Sachen selbst eine Spur gesetzt."

Die Zeiten, als die Tatortleute ein Männerzirkel waren, sind noch nicht lange vorbei. Zwei Frauen gibt es im Dezernat, „die Tatort machen", eine dritte, Katharina Tomalla, ist zur Vize-Chefin in der fünften Mordkommission aufgestiegen.

Was der Torwart einer Mannschaft ist, sind die Tatortleute im Team der Mordkommission: Sie stehen immer da, wo es wehtut, tragen ihre eigene Kleidung, folgen ihrem eigenen Rhythmus und schleppen eine Ausrüstung mit sich herum, die andere dazu bringt, lieber durch den Mund zu atmen. Es gibt Zeiten und Fälle, in denen Bordasch an seinem Schreibtisch in einem Gebirge aus Akten, braunen Papiertüten und Kartons verschwindet. „Stinkige Asservate: Kippen, durchstochene T-Shirts, stockige Hosen ..."

Aus seinem Büro geht es vier Stockwerke bis zum Spurensicherungsraum der Tatortleute hinab. Bordasch lässt in einem Innenhof einen garagengroßen Backsteinbau, der früher als Sektionsraum diente, rechts liegen, nestelt seine Schlüssel heraus. Hinter zwei weiteren Türen befindet sich der Ort, den die Nachbarn, wenn sie im Sommer ihre Fenster öffnen, oft verfluchen.

„Vorsicht! Offene Spurenträger. NICHT reinigen!", steht auf einem gelben Schild, in Folie eingeschweißt, das an einer Strippe baumelt. Dahinter vier nackte Wände aus Waschbeton, eine Wäscheleine, zwei Bügel, ein Fenster, nicht größer als eine Schießscharte. In der Kammer trocknen die Asservate. Das letzte Hemd der Wasserleichen, die Habseligkeiten von Obdachlosen und den armen Seelen, die tage- oder wochenlang unentdeckt in ihren Wohnungen lagen.

Bordasch sagt: „Manchmal tropft hier das Leichenfett von der Kleidung, das bekommt man gar nicht mehr ganz trocken."

In den Spurensicherungsraum ziehen sich die Tatortleute zurück, wenn sie auf dem Edelstahltisch Asservate und Beweismittel auslegen und vermessen müssen, zerstochene Pullover, durchschossene Jacken, blutverschmierte Hosen. Hier ist auch das Lager für den M-Bus untergebracht: Munitionstüten, Markierungsband, Brandschuttbeutel, Speichelröhrchen ...

Wie die Tatortleute mit den Belastungen umgehen? Bordasch sagt: „Wir haben einen sehr schwarzen Humor."

Die Erfahrung lehrt Bordasch, dass viel Blut nicht gleich Mord bedeutet, zumindest, wenn das Opfer ein Trinker ist. Wie im Fall des Mannes, den sie in seiner besudelten Wohnung finden. Bordasch weiß inzwischen, wie schnell Alkoholiker Hämatome bekommen, auch bei kleineren Verletzungen viel Blut verlieren.

Bordasch rekonstruiert anhand der Spurenlage das Geschehen: Der Mann hatte sich auf dem Sofa auf eine Scherbe gesetzt und das Blut, anstatt zum Arzt zu gehen, in der Wohnung verteilt. Nach Tagen war er eines „natürlichen Todes" gestorben. Mit der Lösung erspart Bordasch seinem Team die sinnlose Suche nach einem unbekannten Täter.

Nichts aber kann Tom Bordasch darauf vorbereiten, was am 19. Dezember 2016 geschieht. Als er an diesem Tag um 7 Uhr morgens sein Büro betritt, ahnt er nicht, dass sein Dienst fast 48 Stunden, bis zum übernächsten Tag, dauern wird.

Es ist kurz nach 20 Uhr, als an jenem Abend der islamistische Terrorist Anis Amri einen Sattelzug in eine Menschenmenge auf dem Weihnachtsmarkt an der Kaiser-Wilhelm-Gedächtniskirche lenkt. Zuvor hatte er den polnischen Fahrer des Sattelzugs erschossen und dessen Leiche in den Fußraum des Beifahrersitzes geschoben.

Durch die Kollision mit dem Lkw sterben elf Besucher des Weihnachtsmarktes, fast 70 werden zum Teil schwer verletzt. Als Bordasch in den Nachrichten von dem „Unfall" erfährt, beschleicht ihn bereits „ein ungutes Gefühl". Er lässt noch schnell seine Bordeauxdogge Bruno in den Garten, da klingelt schon das Telefon. Es gibt erste Hinweise auf einen Terroranschlag.

Für die Mordermittler heißt es: abwarten. Verletzte müssen versorgt, in Krankenhäuser gebracht werden. In der Keithstraße entscheidet der Kommissionschef, nicht auszurücken, bevor ein Sprengstoffkommando den Lkw untersucht hat, um seine eigenen Leute vor einem „second hit", einem zweiten Anschlag, zu schützen.

Als Bordasch gegen 23 Uhr das abgesperrte Areal betritt, brennt sich die Lautlosigkeit in sein Gedächtnis ein, eine Stille, die dieser Platz vorher nie erlebt hat. „Man hörte nichts, keinen Laut, gespenstisch." Überall liegen Schuhe, von den Menschen, die in Panik geflüchtet sind, und denen, die es nicht geschafft hatten. So viele Schuhe. So viel Blut. „Und alles roch nach kaltem Glühwein."

Bordasch teilt den Platz in fünf Spurenbereiche auf, die ab 1.45 Uhr jeweils zwei Tatortleute aus der Keithstraße übernehmen. Sie arbeiten sich durch die Schneise der Verwüstung, die der Transporter auf dem Weihnachtsmarkt hinterlassen hat, untersuchen jede Bude. Neun Tote liegen, manche mit weißen Tüchern abgedeckt, noch zwischen den Trümmern.

Bordasch inspiziert den Sattelschlepper von außen, öffnet an der Beifahrerseite das Führerhaus, späht hinein, betritt es aber nicht, um keine Spuren zu vernichten. Die Winterluft hängt kalt und feucht über dem Platz, deshalb ordnet Bordasch an, den Lastwagen abzuschleppen und in einer geschlossenen Halle in der Julius-Leber-Kaserne in Tegel unterzubringen, um Fingerabdrücke, Schmauch- und Geruchsspuren oder DNA zuverlässig zu sichern. „Am Tatort muss Gründlichkeit immer gegen Schnelligkeit abgewogen werden."

Eine Entscheidung, für die sich die Mordkommission später im Bundestag und im Berliner Abgeordnetenhaus rechtfertigen muss, da die Spurensicherer Amris Geldbörse im Führerhaus so erst am Folgetag gegen 16.30 Uhr finden.

Am 5. März 2020 wird Bordasch als Zeuge im Breitscheidplatz-Untersuchungsausschuss geladen. Vier Zeugen haben die Parlamentarier bereits gehört, als gegen 22 Uhr im Bundestag die Vernehmung des Tatortermittlers beginnt. Nervös sei er nicht gewesen, sagt Bordasch. „Ich saß da ja nicht mit schlechtem Gewissen. Wir haben gute Arbeit geleistet."

Er schildert dem Ausschuss Details, erklärt sein Vorgehen. Er habe die Ermittlungen so führen müssen, dass Amri, der sich zu diesem Zeitpunkt noch lebend auf der Flucht befand, von einem deutschen Gericht für seine Taten auch hätte verurteilt werden können. „Wenn man die Beweise nicht verwerten kann, weil der Tatort in hektischer Betriebsamkeit verunreinigt wird, ist auch niemandem geholfen."

Es war der erste Anschlag, der Berlin traf. „Heute würde man das anders machen", sagt Bordasch. Bei einem Attentat mit islamistischem Hintergrund werde nicht mehr der Spurensicherung Priorität eingeräumt, sondern man suche in der ersten Phase nun gezielt nach Papieren und Belegen für die Identität, die Attentäter immer wieder hinterlassen. Bekenntnisse, die die Attentäter schon bei Anschlägen in Frankreich im Jahr 2015 und der Attacke auf die Redaktion von „Charlie Hebdo" hinterlassen hatten.

In seiner eigenen Stadt, direkt nebenan, hat er Lebenswelten entdeckt, die sich fremder anfühlen als ferne Kontinente. Taucht Bordasch in einer Wohnung in ein Leben ein, kennt er das Opfer am Ende besser als jeder andere. Vor ein paar Wochen öffnet er eine Haustür, hinter der sich ein Prepper verbarrikadiert hatte, um für die Apokalypse gewappnet zu sein. Er stolpert im Flur über Kisten mit Medikamenten, Rucksäcke mit Werkzeug, findet den Keller vollgestopft mit Proviant. „Der Mann hatte sich für den Fall der Fälle auf alles vorbereitet." Das war in Wannsee.

In Nord-Neukölln finden Arbeiter bei Fassadenarbeiten auf einem Balkon menschliche Knochen. Hinter der Tür erwartet Bordasch die Wohnung eines Messies. Er arbeitet sich langsam durch eine Landschaft aus Kartons, Papierpacken, Tüten und Müllsäcken vor, um zu gucken, „ob da noch jemand liegt".

Es gibt keine weitere Leiche, keine Straftat. Eine Freundin hatte den Mann eines Tages tot auf der Matratze gefunden und seine Leiche, als sie anfing zu riechen, durch das Chaos auf den Balkon geschleift.

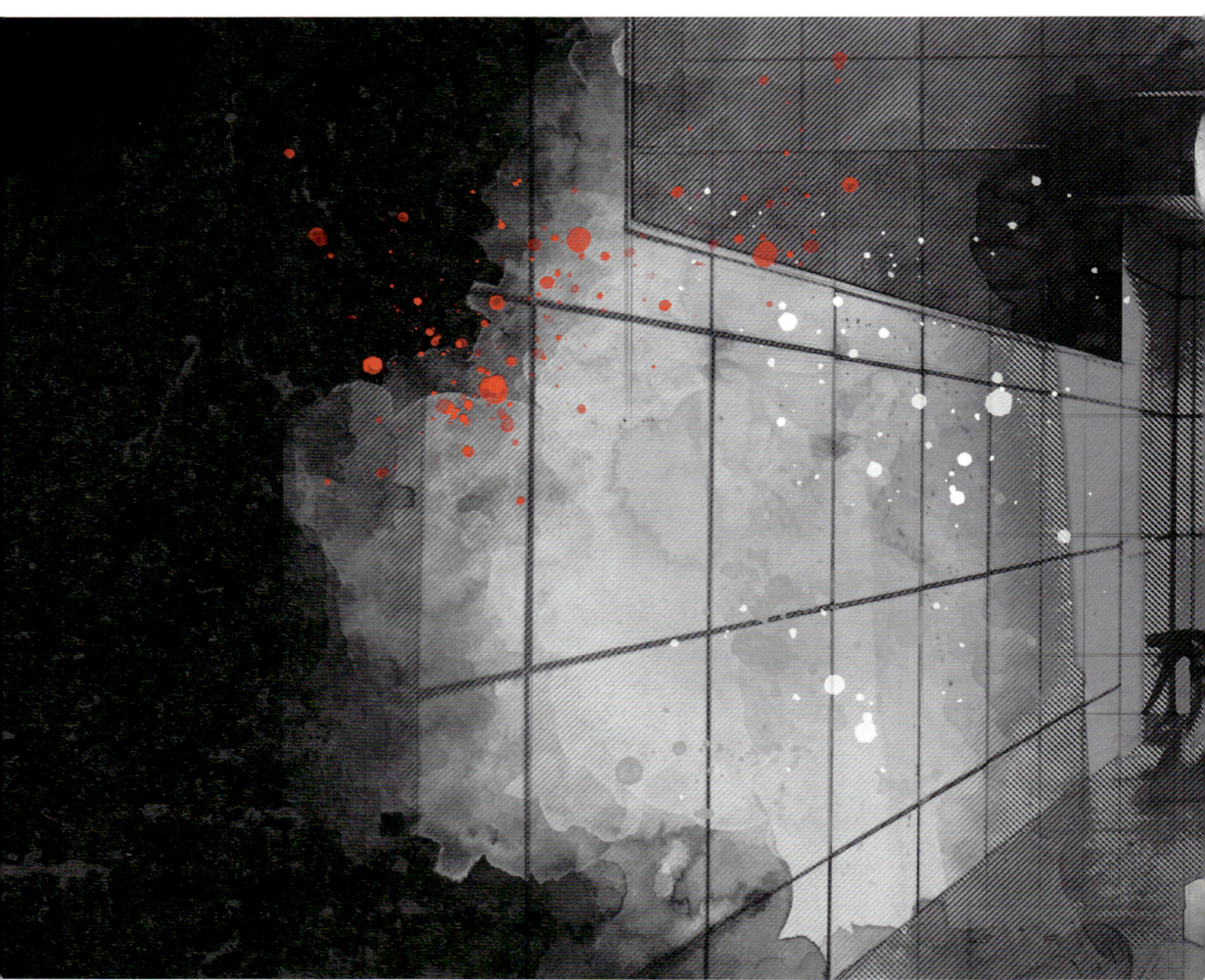

Mord ohne Leiche

Ein Mann betritt die Polizeiwache, meldet seinen Nachbarn als vermisst, gibt sich ahnungslos. Ingo Kexel, Chef der zweiten Mordkommission, hat einen Verdacht. Weil es aber kein Opfer gibt, fehlt ihm der wesentliche Tatbeweis. Und so sammeln die Ermittler Indizien wie Puzzleteile. Erleben, was andere in ihrer Laufbahn niemals tun

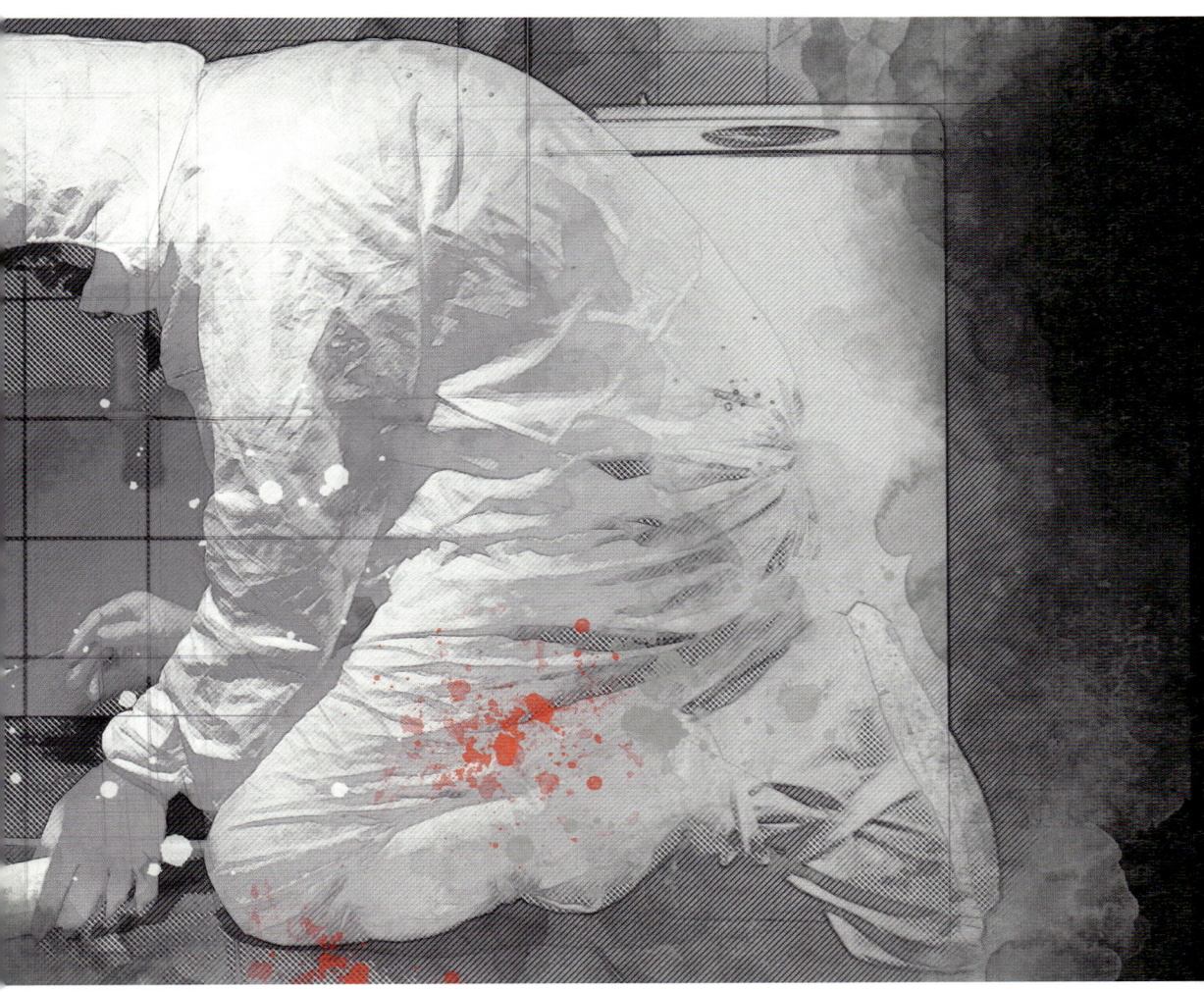

Als Tarik Demir sich nach dem 19. Oktober 2017 seines toten Geschäftspartners entledigt hatte, durfte er hoffen, ungeschoren davonzukommen. Keine Leiche, keine Spuren, keine Beweise. Ein perfekter Mord. Für Demir, den gescheiterten Hochstapler, sollte es ein Neuanfang werden.

Am 11. November 2017 betritt Tarik Demir eine Polizeiwache, um seinen Freund und Vermieter Wolfgang Stängler als vermisst zu melden. Sein Partner sei Online-Devisenhändler, ein Finanzgenie, das Privatanleger mit selbst geschriebenen Trading-Programmen zu Reichtum verhelfe, aber seit dem 22. Oktober verschwunden.

Demir lebt bei Stängler in Berlin-Wilmersdorf, Bregenzer Straße. Das Ausbleiben des 42-Jährigen habe ihn in der ersten Zeit nicht weiter beunruhigt, da Stängler öfter mal zu mehrtägigen Sextreffen verschwinde, ohne sich abzumelden.

Die Rolle des Arg- und Ahnungslosen spielt Demir überzeugend. Die Vermisstenstelle in der Keithstraße übernimmt den Fall. Als Stängler Anfang Dezember verschwunden bleibt, fallen einem Ermittler erste Widersprüche in den Vernehmungen auf: Mal will Demir seinen Mitbewohner in der Wohnung verabschiedet haben, dann nach einer Currywurst am Bahnhof Zoo, plötzlich ist von einem „normalen Ficktreff" bei einem Bekannten in Brandenburg die Rede. Ja, richtig, es sei nicht am 22., sondern am 20. Oktober gewesen …

Der Mitarbeiter der Vermisstenstelle schnappt sich die Akte, um sie die Treppe zum Morddezernat in den vierten Stock hinaufzutragen. Ingo Kexel, den Chef der zweiten Mordkommission, reizt die verdächtige Vermisstensache. Er übernimmt den Fall, obwohl eigentlich die Kollegen mit Rufbereitschaft zuständig gewesen wären.

Ein Mord ohne Leiche, sagt Kexel an einem Aprilmorgen in seinem Büro: Das ist die Königsdisziplin. Weil den Ermittlern der eigentliche Tatbeweis fehle, müssten sie detektivisch Indizien wie Puzzleteile sammeln, um alle Zweifel auszuräumen. Kein Teilchen dürfe haken, keines fehlen, wenn am Ende vor Gericht ein Lebenslang verkündet werden soll. „Das ist für mich die größte Herausforderung."

Auf der Jagd werden die Ermittler der zweiten Mordkommission zu Sammlern. Die Kommissare und Kommissarinnen tragen zusammen, was sie zu Tarik Demir und Wolfgang Stängler finden können, rekonstruieren ihren Alltag, ihr Leben und Wirken bis zum letzten Tag. Mit jedem neuen Detail zeichnen sich die Konturen schärfer ab, ergeben ein Bild von zwei völlig unterschiedlichen Charakteren, die sich als Betrügerpaar in ihrem Zusammenspiel vortrefflich ergänzen.

Auf der einen Seite Stängler, Jahrgang 1975, in Berlin geboren. Ein Kauz, der seine Tage mit Laptop und Smartphone bei offener Tür liegend auf dem Bett verbringt, um seinen Geschäften nachzugehen. Bekannte berichten, dass es ihm schwerfalle, mit Fremden in Kontakt zu treten, vermutlich leide er am Asperger-Syndrom. Trotzdem sei Stängler mit seinem Leben allem Anschein nach zufrieden. Ein sehr schlanker Mann, kaum 1,70 Meter groß, die Stimme hell, manche sagen piepsig.

Stängler lebt offen homosexuell und sucht im Online-Portal „Planet Romeo" Kontakte; er tritt als „Sklave" möglichst devot-jugendlich auf, Benutzername: „Flegelchen". Ein Technikfreak und Sicherheitsfanatiker, der in seiner Wohnung Kameras installiert und mit Bewegungsmeldern ausgestattet hat, die Standbilder von jedem Besucher vor der Wohnungstür aufzeichnen. Stängler ist – bei eingeschalteter Standortfunktion – nie ohne sein Handy unterwegs, surft ununterbrochen.

Mehrmals im Jahr verreist Stängler mit seinem Freund Mühlenbrook, ein einst wohlhabender Geschäftsmann in Privatinsolvenz. Damit seine teuersten Schmuckstücke nicht in der Insolvenzmasse landen, gibt Mühlenbrook seinem Freund Wolfgang eine Rolex Yachtmaster und eine Breitling Superocean in Verwahrung. Stängler stellt keine Fragen. Er handelt mit Fremd- und Eigengeldern an der Börse, hatte selbst schon mal Insolvenz anmelden müssen, als sein Geschäft, das auf einem Schneeballsystem beruhte, kollabiert war.

Mühlenbrooks Armbanduhren bleiben zurück in Stänglers Schlafzimmer, als sich die beiden am 9. Oktober am Flughafen Schönefeld treffen, um für zehn Tage nach Belek, Türkei, zu fliegen. Die Videokamera

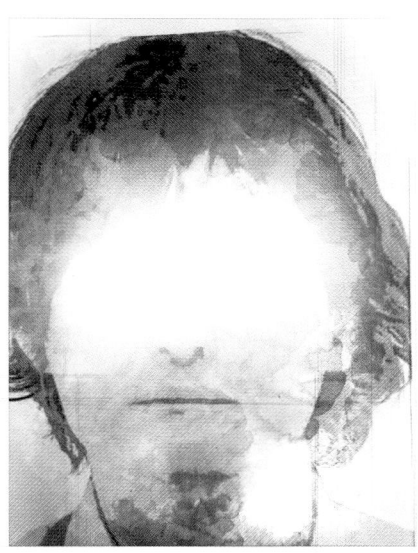

Tatzeit. *Um 16.39 Uhr erreicht Wolfgang Stängler seine Wohnung und verlässt sie nie wieder lebend.*

beweist, dass er nach seiner Rückkehr am 19. Oktober, 16.41 Uhr, die Tür zur Wohnung aufschließt, wo er im Flur von Demir empfangen wird. Nach der Begrüßung und einem Schwatz neben der Vogelvoliere geht der 42-Jährige um 17.26 Uhr in sein Zimmer. Es ist der letzte lebende Beweis von Wolfgang Stängler.

Drei Wochen später drängt Mühlenbrook Tarik Demir, zur Polizei zu gehen. Mehr als 10 000 Menschen werden jedes Jahr in Berlin als vermisst gemeldet. Verschwindet ein Erwachsener, ist die ersten zehn Tage die örtliche Polizeidirektion zuständig. Nach dieser Frist ist in der Regel geklärt, ob es einen Unfall gab, einen Suizid oder nur eine Flucht aus der persönlichen Situation. Die allermeisten Vermissten tauchen eher nach Stunden als nach Tagen wieder auf.

Alle übrigen Fälle übernimmt am elften Tag die Vermisstenstelle im Landeskriminal-amt, die nur bei Kindern sofort tätig wird. Ihre knapp 20 Mitarbeiter sind in der Keithstraße untergebracht, aber dem Dezernat 2 zugeordnet, das sich auch um Brände und Kinderdelikte kümmert.

Bevor er 1992 als Mordermittler begann, hat Kexel in der Vermisstenstelle gearbeitet. Vor 30 Jahren führte er als junger Beamter die Kollegen auf die Spur eines Mädchenmörders aus Marzahn. Bei 20 bis 30 Fällen im Jahr, schätzt Kexel, ziehen die Mitarbeiter die Mordermittler zurate. „Etwa sechs bis acht Fälle" übernimmt das Dezernat, weil es einen Verdacht auf Mord oder Totschlag gibt. Ihm ist das zu wenig. Wenn alle an einem Tisch säßen, wäre garantiert, dass bei einem Kapitalverbrechen nicht wertvolle Zeit verloren gehe. Kexel, heute einer der dienstältesten Mordermittler, ist nicht der Einzige, der in der Keithstraße sagt: „Die Vermisstenstelle gehört ins Morddezernat."

Kexel, in Wilmersdorf aufgewachsen, ist Enkel, Sohn und Vater Berliner Polizisten. Zu Hause verwahrt er die Praktikumsbescheinigung seines Großvaters Joseph Kexel aus der Zeit von Ernst Gennat, Legende und Gründer der Berliner Mordkommission. Er sei aber nicht aus Tradition zur Polizei gegangen, sondern weil er den Umgang mit Menschen spannend fand, die Frage, welche Abgründe die Menschen zu solchen Taten treiben. „Ich hätte auch Psychologie studieren können."

Im Januar 1992 fängt er in der fünften Mordkommission an. Er ist dabei, als Thomas Rung den völlig überraschten Vernehmern sieben Morde gesteht. „Ich bin kein Mensch, ich bin ein Ungeheuer", sagt Rung. Nur wenige Jahre später schlägt der Zwei-Meter-Hüne im Gefängnis einen Mithäftling halbtot. Als die Justizbediensteten nicht wagen, sich dem berüchtigten Gewalttäter zu nähern, raucht Kexel mit ihm eine Zigarette in der Zelle, um ihn zu beruhigen.

Er ermittelt bei den Russenmorden, jagt ein Profikillerduo, das mordend durch die Länder zieht, überführt den Bombenleger von Rudow, der fast das Leben seiner kleinen Nichte ausgelöscht hätte, den Hautarzt und Prostituiertenmörder Stefan S. „Ich breche meinen Stab nicht über Menschen, die jemanden töten. Manchmal werden Menschen zu Tätern, weil sie krank sind oder ihr Leben lang Opfer waren." Ein perfekter Mord? Ist Kexel noch nicht untergekommen. Der 55-Jährige zeigt, ohne sich dabei umzudrehen, mit dem Daumen über seine Schulter. „Ich habe 'ne weiße Weste."

Hinter ihm hängt der Berliner Stadtplan, groß wie ein Billardtisch, aber nicht groß genug für die Opfer aus Kexels Berufsleben. Kopf an Kopf reihen sich rundherum die Porträts der Toten. Der äußere Ring ist geschlossen, der innere verdeckt die ersten Teile Reinickendorfs. „Wer kein Mitgefühl, kein Mitleid mit den Opfern mehr hat, der ist so abgestumpft, dass er den Job nicht mehr machen kann." Seit 2005, als Kexel die Zweite als Chef übernahm, blieb kein Fall offen.

Etwas schüchtern lächelt von einem der Fotos Wolfgang Stängler herab, die tief schwarz gefärbten Haare umrahmen ein Gesicht, das Kexel immer an „Costa Cordalis in jung" erinnert.

Drei Jahre bevor Stängler für immer verschwindet, lernt er den Deutsch-Türken Tarik Demir kennen. „Ein Hochstapler und Partytyp", sagt Kexel. Dass der mal gut aussehend war, lässt sich nur noch erahnen. Die Spielsucht und langen Koksnächte mit ständig wechselnden Sexbekanntschaften haben ihre Spuren hinterlassen. Das

Aufgeklärt. 2005 wurde Ingo Kexel Chef der Zweiten. Seitdem blieb kein Fall offen.

markante Gesicht aufgequollen, wirkt er übernächtigt und ein bisschen verlottert.

Stängler stört das nicht. Er überträgt seinem Freund die Verwaltung seiner Gewerbeimmobilie und die Vollmacht für das dazugehörige Mietkonto. Anfang 2017 zieht Demir in die Drei-Zimmer-Wohnung und lässt sich in Stänglers Tradinggeschäfte einweihen. Ein wunderbares Betrügerpaar, sagt Kexel. Es ist Demir, der die Legende vom leicht sonderbaren Finanz- und Zahlengenie aufbaut, Stänglers Lebenslauf frisiert und einen Abschluss im Eliteinternat erfindet.

Verdächtig ist Demir noch aus einem anderen Grund: Zu oft haben die Ermittler erlebt, dass die Anzeigenden – wie Tatentdecker – letztlich die gesuchten Mörder sind. „Die meisten Täter stehen in ersten Tagen unter enormem Druck, nachdem sie die Grenze überschritten haben, die sie endgültig von unserer Gesellschaft trennt", sagt Kexel. Angst, entdeckt zu werden, hätten alle, manche fühlten auch Reue, könnten den Stress schlecht aushalten, machten, weil sie es nicht abwarten können, Fehler, den „berühmten Schritt nach vorne".

Tarik Demir ist für die Polizei kein Unbekannter, vorbestraft wegen Unterschlagung, Betrug, Schwarzfahren, Fahren ohne Führerschein. Dabei schien es in seinen ersten 30 Lebensjahren nur eine Richtung zu geben: aufwärts.

In Berlin geboren, entwickelt er sich zu einem guten Schüler, seine Ausbildung im Hotelfach schließt er mit Bestnoten ab. Als er 2001 nach vier Jahren seine Zeit als Soldat beendet, schreibt die Bundeswehr in seine Beurteilung, dass er Potenzial habe, „mittelfristig zum Spitzenpersonal" zu gehören. Lobend herausgestellt wird seine Auffassungsgabe, seine Einsatzbereitschaft, sein Fürsorgeverhalten, sein scharfer Verstand und überaus höfliches, zuvorkommendes Auftreten, sein ehrlicher Charakter sowie sein gesundes Maß an Berufsstolz und Ehrgeiz.

2002 eröffnet Demir ein Restaurant, investiert alles, was er hat, und noch dazu das Ersparte der Mutter. Nach acht Monaten geht Demir pleite, häuft Schulden zwischen 200 000 und bis 300000 Euro auf. Er wird kokainabhängig, verliert erst seine große Liebe Nadja, dann sich selbst im Automatenspiel. Demirs Ehe scheitert, das Sorgerecht für seine drei Kinder wird der Ex-Frau zugesprochen. Mehrmals versucht er, sich aus dem Sumpf aus Sucht und Schulden zu befreien, macht einen Selbstentzug, beginnt eine Heilpraktikerausbildung – vergeblich.

Auf seinem Facebook-Profil entdecken die Ermittler Fotos aus guten Zeiten, als er noch mit den Berliner Promis im Nachtleben verkehrte, auf großem Fuß lebte: schöne Frauen im Arm und dicke Zigarren in der Hand, das Haar schulterlang und lockig, Vollbart. Auf einem Foto lacht er mit Frank Zander in die Kamera.

Obwohl es ihm nie gelingt, seine Schulden abzutragen, eröffnet er im Oktober 2017 eine Bar in der Fechnerstraße in Wilmersdorf. Zuletzt bekommt Demir monatlich 748,60 Euro von der Bundesagentur für Arbeit, womit er seinen Mietanteil und Lebensbedarf bestreiten soll.

Tarik Demir bleibt auch nach Monaten dabei: Wolfgang Stängler sei abgetaucht. Er wisse von nichts.

Im vierten Stock der Keithstraße, LKA 1, Delikte am Menschen, versammelt Ingo Kexel das Team in seinem Büro. Sie sammeln Ideen, notieren auf Whiteboards, was als Nächstes zu tun ist. Die Liste wächst von Tag zu Tag:

Ermittlungen in Pfandleihhäusern
Finanzermittlungen
Auswertung retrograder Verbindungsdaten
Spurenlage Stänglers Wohnung
Auswertung Videoaufnahmen
Google-Standortdaten von Stänglers Handy
Telefonüberwachung Demir

Kexels Platz ist das Kopfende des Tisches, von wo er die Sitzungen des Teams leitet, moderiert, wenn alle ihre Ergebnisse zusammentragen.

Früher hat Kexel das Adrenalin durch die Tage und Nächte der Bereitschaften getragen. Als er 2005 zum Chef befördert wird, brockt er sich bei jeder Rufbereitschaft einen neuen Fall mit unbekanntem Täter ein. Im Kommissariat scherzen sie:

Der Kexel, der hat 'nen toten Fisch in der Tasche. Seine Serie reißt auch nach dem ersten und zweiten Jahr nicht ab. „Ich stand total unter Dampf, alles klären zu müssen." Wenn's besonders hart kam, drehte er die James-Bond-Musik in seinem CD-Player auf, holte seine Palette Energydrinks raus und rauchte, bis man von ihm nur noch Schemen im Zimmer sah.

Heute seien die Erfahrung und die Ruhe ein „riesiges Pfund", sagt Kexel. Er raucht längst nicht mehr und hat sich zu Hause im Keller ein Fitnessstudio gebaut. Aber er weiß auch, dass sein kleines Team Fälle erwischen kann, für die andere Bundesländer eine 30-köpfige Sonderkommission zusammentrommeln würden. Wenn dann in den Sommerferien von acht Leuten nur fünf verfügbar seien, davon vier Mitte 50 und ein Anwärter, denke er vorm Einschlafen oft: „Bitte, bitte, jetzt keine Clanschießerei!"

Der Chef lenkt und leitet den Wettbewerb der krudesten Ideen, vermittelt, schlichtet, schraubt irgendwann den Deckel drauf. „Es gibt auch Streit. Da braucht man Kollegen, die das aushalten und Contra geben", sagt Peggy Sponholz, seit einem Jahr Erste Sachbearbeiterin und Kexels Vize. Ein gutes Team müsse aus Vertrauen und Selbstbewusstsein entstehen, wo man gleichberechtigt, auf Augenhöhe miteinander reden könne. „Wir brauchen keinen Schnösel, der glaubt, dass er die Ermittlungen erfunden hat." Aber auch keine Mimose, die sich nicht traue, den absurdesten Gedanken laut auszusprechen.

Eine Frage spielen sie immer wieder durch: Wie hat Tarik Demir, wenn er denn Stängler in seinem Zimmer ermordet haben sollte, die Leiche fortgeschafft? Hat er sie an einem Seil hinten in den Hof gelassen? Erst zersägt und dann in Tüten weggebracht? Über den Dachboden gezerrt? Wen könnte er um Hilfe gebeten haben? Konnte Demir mit dem Kofferraum voran direkt an die Haustür fahren?

Kriminalhauptkommissarin Barbara Bluhm sagt: „Ich achte darauf, dass alle zu Wort kommen. Denn die Introvertierten haben manchmal die besten Ideen." Bluhm ist die Expertin für die Verbindungsdaten im Team, übernimmt auch die TÜ, wie die Kommissare die Telefonüberwachung abkürzen. Gibt es einen Gerichtsbeschluss, setzt sich Bluhm mehrmals täglich an ihrem Schreibtisch die Kopfhörer auf, klickt sich durch die Liste mit den Audiodateien, wo die geführten Telefonate chronologisch einlaufen. Sie sieht, wer wann und wie lange mit wem gesprochen hat. Am unteren Rand des Bildschirms gibt es einen Livebutton für Gespräche, die sie in Echtzeit hören muss.

Die Erfindung der Flatrate hat Bluhm schon oft verflucht. Wenn sich wie in einem Fall eine junge Zeugin morgens ihr Headset einstöpselte und danach nicht mehr aufhörte zu telefonieren. Sie schaute Filme mit ihrem Freund zusammen, ging mit Verdauungsproblemen telefonierend auf die Toilette, und griff danach, wie Bluhm hörte, „ohne sich die Hände gewaschen zu haben" vorm Fernseher wieder in die Chipsschale. Die TÜ von Tarik Demir verläuft „eher unspektakulär". Demir wirkt gehetzt, spricht meist aufgeregt. Einmal sagt er zu einem Bekannten so etwas wie: „Stängler hat mir mit seinem Verschwinden ganz schön auf die Füße gekackt. Ich nehme mir nur das Geld, das mir zusteht." Einen Mord beweist das nicht.

Die Kollegen, die die Pfandleihhäuser abklappern, melden dafür erste Erfolge: In der Friedrichstraße hat Demir am 28. November eine goldene Cartier Santos für 2400 Euro verpfändet. Es ist, wie die Videoaufnahmen

beginnt, die von Stängler gebuchten Car-sharing-Unternehmen auf dessen Pin und Rechnung zu nutzen.

Es ist 16.41 Uhr, als Stängler am 19. Oktober seine Tür zur Wohnung aufschließt, wo er im Flur von Demir empfangen wird. Um 17.26 Uhr geht er in sein Zimmer. Um 17.33 Uhr wird die Videoüberwachungsanlage für sechs weitere Stunden ausgeschaltet, danach erscheint Stängler nie wieder, weder lebend noch tot, im Bild.

Nur an einem Tag, dem 24. Oktober, bleiben Flur- und Wohnungstürkamera in den kommenden Wochen ausgeschaltet. Kexel sagt: „Wir gehen davon aus, dass es der Tag ist, an dem Demir den Leichnam fortschafft." Beweisen können sie es nicht. Kexel mahnt: „Leute, wir brauchen mehr Fleisch, um den Sachverhalt fett zu machen."

Ein Ermittler wertet den Computer des mutmaßlichen Opfers aus, wobei ihm ein Selfie auffällt, das Stängler nackt neben seinem Rudergerät im Schlafzimmer zeigt. Er steht barfuß auf einem Teppich, der nun verschwunden ist.

Der Experte für den Tatort meldet aus der Wohnung, dass ein Leichenspürhund in Stänglers Schlafzimmer angeschlagen habe. An der Stelle, wo der Teppich lag, machen Kriminaltechniker mit Luminol Blutflecken sichtbar, in der Zimmermitte zeichnet sich halbmondförmig der Abdruck eines Eimers ab. „Jemand hatte gründlich saubergemacht", sagt Kexel. Da Seife jede Struktur zerstört, gelingt es dem Labor nicht, aus den Blutflecken ein DNA-Profil zu erstellen. Also reißt der Tatortmann an der Stelle, an der der Teppich lag, das Laminat heraus – und tatsächlich: Zwischen die Dielen hat sich ein einzelner Bluttropfen gerettet. Das Labor meldet, es ist Stänglers Blut.

Abgehört. Kriminalhauptkommissarin Barbara Bluhm weiß, wer wann mit wem gesprochen hat.

beweisen, dieselbe Uhr, die Stängler am Rückreisetag am Handgelenk trug. Ein anderer hat die Computerbude ausfindig gemacht, wo die Festplatte von Stänglers Videoanlage lagert. Ein Detail, das Demir offenbar übersehen hatte.

Jetzt können die Ermittler die ersten Tage rekonstruieren: Als Stängler sich am 9. Oktober in Belek an den Pool legt, schaltet Demir die Videoanlage, die per Bewegungsmelder ausgelöst wird, im Flur bis zum 18. Oktober aus. Am 10. Oktober sieht ihn ein Bekannter beim Automatenspiel verlieren, Demir wirkt „aggressiv, aufgeregt und ungepflegt".

Am 11. Oktober trägt Demir die Rolex Yachtmaster von Mühlenbrook ins Pfandhaus und bekommt 2200 Euro. Am 16. Oktober zahlt ihm ein anderes Pfandhaus 1000 Euro für die Breitling Superocean. Zwei Tage später löst er die Rolex im Pfandhaus wieder aus und verkauft sie für 2800 Euro. Er

Leichenspürhunde schlagen auch an zwei Autos an, einem Audi A4 und einem BMW X1, die Demir nach Stänglers Verschwinden gemietet hatte. Der Durchbruch aber kündigt sich aus dem Büro der Expertin für die Verbindungsdaten an. „Moment mal!", ruft Barbara Bluhm ihren Kollegen zu. „Guckt euch das an! Kommt mal rüber!"

Beweise. Ein Leichenspürhund hat angeschlagen. Ganz genau an der Stelle, wo der Teppich lag.

Die Kommissarin war wieder eine ihrer endlosen Listen mit den Verbindungsdaten durchgegangen, eine, auf der sie nicht nur sieht, mit wem Demir Nachrichten ausgetauscht hat, sondern auch, in was für einem Handy die Sim-Karte dabei steckte. Erst denkt Bluhm, sie irrt, muss wohl in der Zeile verrutscht sein. Dann erkennt sie, dass Demir die Karte aus Stänglers Huawei

in sein iPhone 7 gesteckt hat – „und zwar in tatrelevanten Zeiträumen".

Weil Demir offenbar die Geräte-Pin seines Mitbewohners nicht kennt, muss er einen Umweg gehen, um an Stänglers Geld zu kommen. Am Tag des Verschwindens steckt er um 18.33 Uhr Stänglers Sim-Karte in sein iPhone und lässt sich vier Tans – Transaktionsnummern fürs Onlinebanking – zuschicken. Um 18.41 Uhr überweist er 14 000 Euro von einem aufs andere Konto und steckt anschließend die Karte zurück. Bis zum 13. Dezember hebt Demir 24 564,80 Euro ab. Insgesamt bringt er 42 000 Euro an sich.

Kexel sagt: „Ich war mir sicher, dass wir den Richtigen haben, als die Finanzermittlung ergab, dass die Konten des Opfers leer geräumt worden waren."

Die letzten Zweifel des Staatsanwalts räumt die Zweite aus, als es den Ermittlern gelingt, Stänglers Google-Account mit einem neuen Programm des Staatsschutzes zu hacken, das ermöglicht, die Handy-Standortdaten auch in der Wohnung bis auf sechs Meter genau zu lokalisieren. Jetzt können sie beweisen, dass das Opfer mit seinem Handy aus dem Urlaub kam, dieses dann aber, obwohl Stängler sonst immer online war, unvermittelt für 20 Stunden ausgeschaltet wurde.

Das Telefon zeichnete auf, als Stängler am 19. Oktober um 14.30 in Schönefeld landet, mit der Bahn zum S-Bahnhof Charlottenburg fährt, zu seiner Wohnung läuft, die er um 16.39 Uhr erreicht – und nie wieder lebend verlässt.

Am Tag seiner Rückkehr geht um 17.43 Uhr Stänglers Handy aus. Gibt es eine Kontobewegung, ist es kurz an. Am 23. Oktober sieht man, wie sich das Handy um 6.49 Uhr durch die Wohnung bewegt – und auf den Videoaufnahmen zur selben Zeit Demir durch den Flur gehen. Um 15.20 Uhr verlässt das Handy die Wohnung – und die Kamera an der Wohnungstür liefert die passenden Aufnahmen des Untermieters.

Das war's, sagt Kexel. Ihm ist nun zum zweiten Mal gelungen, was andere in ihrer Laufbahn nie erleben: einen Mörder ohne Leiche überführen. Auch die Opfer des Prostituiertenmörders und Hautarztes sind 1997 nicht wieder aufgetaucht.

Was sich seitdem geändert hat?

In den letzten 30 Jahren habe sich die Zahl der Fälle im Dezernat kaum verändert, schwanke zwischen 100 und 120 im Jahr. Mit den technischen Möglichkeiten und wissenschaftlichem Fortschritt sei aber der Aufwand, die Arbeit, die in einer Ermittlung stecken, massiv gewachsen und für ein neunköpfiges Team kaum noch zu leisten.

Am 5. Oktober 2018 beginnt der Prozess gegen Tarik Demir vor dem Berliner Landgericht. Jeder einzelne Ermittler der Zweiten wird vor Gericht als Zeuge geladen. Als der Angeklagte wegen Mordes zu lebenslanger Freiheitsstrafe verurteilt wird, sitzt die zweite Mordkommission auf den Zuschauerbänken hinten im Saal. Von diesen Momenten zehren alle: wenn sie als Team über Monate der Wahrheit Stück für Stück nähergekommen sind, am Ende den Fall gelöst und ein Stück Gerechtigkeit wiederhergestellt haben. „Das Gefühl ist phänomenal", sagt Kommissarin Bluhm.

Tarik Demir bestreitet bis zuletzt, etwas mit Stänglers Verschwinden zu tun zu haben. Der Bundesgerichtshof hat seine Revision verworfen.

*Die Namen von Opfer und Täter sind geändert

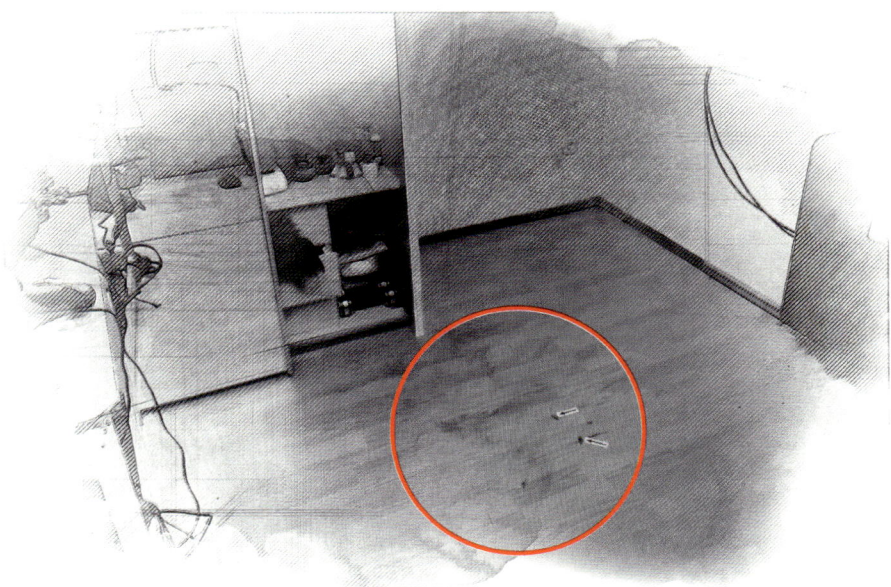

Mehr Beweise. *Kriminaltechniker machen mit Liminol Blutflecken auf dem Boden sichtbar. Das Labor meldet schließlich, es ist Stänglers Blut.*